elefante

elefante

Conselho editorial
Bianca Oliveira
João Peres
Tadeu Breda

Dramaturgia
Deborah Goldemberg

Contribuições dramatúrgicas
Marcelo Ariel

Edição
Tadeu Breda

Revisão
João Peres

Projeto gráfico
Arquivo
Pedro Botton
Hannah Uesugi

Direção de arte
Bianca Oliveira

MAKUNAIMÃ

Taurepang

Macuxi

Wapichana

Theodor Koch-Grünberg

Mário de Andrade

Deborah Goldemberg

Marcelo Ariel

Jefferson Gonçalves

Iara Rennó

O mito através do tempo

ilustrações
Jaider Esbell

Este livro é dedicado a
Akuli Taurepang e Theodor Koch-Grünberg

Nota da edição

O conceito de autoria adotado para este livro é aquele que, de acordo com Paul Zumthor em *A letra e a voz* (Companhia das Letras, 1993), predominou na Idade Média, quando as histórias eram narradas por diversos contadores na tradição oral e, eventualmente, num esforço coletivo feito em oficinas de copistas, uma versão dessa história era transcrita e escrita para ingressar o universo literário. Todas as histórias e ideias contidas neste livro foram contadas ao longo do evento Makunaimã: o mito através do tempo, ocorrido nas quatro casas da organização social POIESIS — Instituto de Apoio à Cultura, à Língua e à Literatura em agosto de 2018. A dramaturgia foi escrita e, posteriormente, todos puderam ler o texto e fazer sugestões. Os direitos autorais do livro são dedicados aos narradores indígenas taurepang, macuxi e wapichana.

Deborah Goldemberg

Março de 2019

PREFÁCIO

Macunaíma: o herói sem nenhum caráter, o romance completou noventa anos com respeito e sucesso nas cores e na voz do gênio Mário de Andrade. Makunáima ou Makunaimã, a divindade indígena do tempo imemorial, habita o Monte Roraima, no extremo norte do Brasil, e faz parte do sagrado de alguns povos indígenas que vivem sob seu cuidado e olhar de menino Deus.

Makunaimã: o mito através do tempo, a peça de teatro, traz as vozes indígenas pemon, taurepang, wapichana e macuxi, povos que são herdeiros legítimos de Makunaimã, a reclamar dentro da própria casa de Mário de Andrade o Macunaíma estereotipado, que mistura histórias e culturas indígenas diferentes para compreender a formação do povo brasileiro a partir do nosso sagrado.

É no barulho da discussão sobre Macunaíma e Makunaimã que Mário de Andrade desperta do Além, caminha até a sua sala e surpreende a todos. "Não tenham medo. Estava dormindo na mais plena paz há tanto tempo e, de repente, ouço vocês aqui discutindo a minha obra, me acusando de um monte de coisas [...] ouvi gente aí dizendo que eu tinha que ter ido até os índios, ouvir por mim mesmo os mitos taurepang. E que se tivesse feito isso, eu teria escrito outra história."

É nessa energia que acontece o diálogo entre o dono da casa, os reclamantes e os convidados — infelizmente, para Mário, sem vinho nem charutos.

Makunaimã: o mito através do tempo é um livro revolucionário, que traz à tona vozes e visões do outro lado — o indígena — que por noventa anos esteve totalmente invisível, sendo reiteradamente desrespeitado em sua existência e em seu sagrado.

Cristino Wapichana

nasceu em Boa Vista, Roraima. É músico, compositor, escritor, contador de histórias e palestrante. Autor dos livros *A onça e o fogo* (Manole, 2009), *Sapatos trocados* (Paulinas, 2014), *A oncinha Lili* (Edebe, 2014) e *A boca da noite* (Zit, 2016) — obra vencedora da Estrela de Prata do Prêmio Peter Pan em 2018, concedido pelo International Board on Books for Young People (IBBY), da Suécia. Em 2017, ganhou o Jabuti e os prêmios da Fundação Nacional do Livro Infantil e Juvenil (FNLIJ) nas categorias Criança e Melhor Ilustração, além do Selo White Revens da Biblioteca de Munique. Figurou na Lista de Honra do IBBY em 2018. É o patrono da cadeira 146 da Academia de Letras dos Professores (ALP) da cidade de São Paulo.

MAKUNAIMĀ

Peça em dois atos

C E N Á R I O

Casa de
Mário de Andrade

Rua Lopes Chaves, 546
Barra Funda
São Paulo-SP
Uma casa-museu.
O ano é 2018.

PAPÉIS

Mário de Andrade
o próprio
Deborah
curadora do evento
Laerte
escritor índigena
wapichana
Bete
professora indígena
wapichana
Jaider
artista macuxi
Avelino Taurepang
indígena taurepang
Akuli-mumu
pai de Avelino
Taurepang
Ariel
filósofo-poeta
Prof. Dr. Armando de
Almeida Russ [PhD]
professor
de literatura
Pedro
antropólogo
Iara
cantora
Jefferson
ator

A
T
O
1

Visitante

Há um evento em comemoração aos noventa anos do livro *Macunaíma* na Casa de Mário de Andrade, à rua Lopes Chaves, atualmente uma casa-museu. A casa é vista de fora, seccionada, com um panorama do andar térreo e do primeiro andar. Na sala de estar da casa, que fica no térreo, acontece uma palestra, com três palestrantes sentados à mesa de convidados — Pedro, Ariel e Laerte — e as demais pessoas sentadas na plateia. No quarto, que fica no segundo andar, vemos Mário de Andrade sentado numa poltrona confortável. Naturalmente, está morto, mas surge ali como quem está tirando uma soneca e começa a ouvir o que falam dele a distância, num estado de transição entre morte e vida que pode ser interpretado livremente.

Pedro

Palestrando da mesa de convidados.

Como diz Raimundo Soares, *Macunaíma* é todo inspirado em *Vom Roraima zum Orinoco*, coleção de mitos do etnógrafo Koch-Grünberg, escrita com base em seu extenso trabalho de campo realizado no início da década de 1920, em Roraima. Cavalcanti Proença garante que Mário de Andrade se serve copiosamente desses mitos indígenas...

Mário

De novo esse papo? Já disse que copiei mesmo, oras bolas! Disse até que me surpreende o fato de falarem que me restringi à cópia de Koch-Grünberg, quando copiei a todos, às vezes textualmente: Capistrano de Abreu, Couto de Magalhães, Pero Vaz de Caminha... Ai, que preguiça.

Mário volta a "dormir" no segundo andar.

Ariel

Palestrando da mesa de convidados.

Por que não podemos dizer abertamente que Mário era preto, que Mário era gay? Precisamos falar disso com urgência.

Mário

Desperta.

Ui, o que é isso?

Presta atenção.

Ariel

Tem uma função em reconhecermos que Mário era preto e gay. Porque ele varreu boa parte da presunção acadêmica que havia na literatura. A poesia que precede tudo isso e a poesia que há nisso se completam. O que ele fez em *Macunaíma* foi criar um mito — um trans-mito —, mas para além disso ele transmitiu *o ser negro*. E transmitiu *o ser gay* como poderosas subjetividades e potências que até hoje não reconhecemos.

Mário desperta, por achar esse papo interessante. Começa a ouvir e, aos poucos, vai se ambientando. Percebe que está em sua própria casa, mas adormece de novo.

Laerte

Palestrando da mesa de convidados.

Se Mário tivesse ido até lá conversar com os povos, teria escrito outra história.

Iara

Mas você está dizendo que Mário não poderia ter escrito *Macunaíma*? Isso me incomoda, porque é o livro da minha vida.

Laerte

Estou dizendo que ele teria feito diferente. A forma como ele fez, deslocando fragmentos do nosso sagrado e misturando outras coisas até se tornar algo que não significa nada pra gente, é um xingamento — é um chamado de guerra!

Mário

Quem será esse pessoal?

Mário se levanta lentamente, caminha pelo quarto, vai descendo as escadas até chegar no *hall* e olha para a sala de estar. Nessa hora, o pessoal do evento está reunido assistindo ao filme *Macunaíma*, de Joaquim Pedro de Andrade, já na cena final, quando Macunaíma e depois o Piaimã Venceslau Pietro Pietra se balançam sobre a piscina. A sala está escura para a exibição do filme.

A curadora está ao lado de Avelino, que ri muito do filme e comenta o enredo a partir do seu conhecimento da mitologia taurepang.

Avelino

Ah, Makunaimã não vai morrer. É Piaimã que morre. Só que não no tanque em que o Piaimã joga as crianças.

Ele joga do outro lado da Serra e a Velha Piaimã fica lá embaixo e bate com o cacete neles. Quando Makunaimã jogou o Piaimã, ela achava que eram as crianças. E era o próprio marido. Makunaimã que o jogou, a velha viu e foi cacetar, daí disse: "Uhhhh, achei que era caça e era o marido". Daí Piaimã morre.

Ele ri muito.

Mário surge no canto da sala iluminado pela penumbra, sintoma de seu estado morto-vivo, e ao notarem sua presença todos ficam aterrorizados, exceto Avelino, que não o reconhece. As luzes se acendem.

Mário

Opa. Não tenham medo. Sintam-se em casa, por favor.

Curadora

Sem saber o que dizer.

Mário, que surpresa! Tudo bem?

Mário

Tudo ótimo! Me sinto melhor do que nos últimos sessenta anos, certamente.

Curadora

Que bom!

Paira um silêncio de perplexidade.

Curadora

Você veio nos contar alguma coisa? Estamos aqui num evento... sobre você! Sobre o Macunaíma, Makunaimã.

Mário

Eu percebi. Quero ouvir mais de vocês, ué. Estava dormindo na mais plena paz há tanto tempo e, de repente, ouço vocês aqui discutindo a minha obra, me acusando de um monte de coisas...

Curadora

Imagine, todos nós o consideramos um grande gênio.

Mário

Sim, sim, mas eu ouvi gente aí dizendo que eu tinha que ter ido até os índios, ouvir por mim mesmo os mitos taurepang. E que, se tivesse feito isso, eu teria escrito outra história.

Laerte

Impetuoso.

Isso eu disse mesmo.

Mário

Então, me diga: que outra história?

Curadora

Tentando mediar.

Olha, deixa eu te apresentar todo mundo aqui. Daí cada um pode falar o que pensa da sua rapsódia. Que tal?

Laerte

Eu começo. Sou Laerte Wapichana, escritor indígena.

Os outros se acomodam nas cadeiras, normalizando a situação.

Mário

Ah, isso sim é algo novo. Jamais havia ouvido falar de um escritor indígena. Que interessante. Conte-me mais.

Laerte

Eu...

Mário

Você acha que eu não poderia ter escrito a rapsódia? Só porque não sou indígena?

Iara

Interrompe.

Mário, olha, eu estou tão emocionada. Antes de mais nada, posso te dar um abraço? *Macunaíma* é o livro da minha vida. Quando eu o li pela primeira vez, me identifiquei de tal forma que pensei: essa sou eu!

Mário

Gargalha.

Ah, que graça. Não te vejo como aquele malvado em absoluto. Como é possível tal identificação?

Iara

Porque, Mário.... Ai, meu Deus, eu não acredito que estou tendo essa conversa com você! Mário, eu sou como Macunaíma, filha de preto com branco com índio, sou livre, sou uma Iara, uma icamiaba.

Mário

Ah, sim, entendo.

Iara

Eu posso cantar uma música que compus inspirada no livro?

Mário

Claro! Sou todo-ouvidos.

Jaider

De cabelos longos, pintado de urucum.

Olha, pessoal, eu não quero interromper, mas acho importante a gente respeitar os mais velhos. Além do defunto aí, temos aqui o Sr. Avelino, que veio de longe e precisa se apresentar. Afinal, a culpa é toda do avô dele — do Akuli!

Mário

Ah, que figura mais interessante! Pele pintada de urucum com manchas pretas de jenipapo, é isso? Quem é você?

Jaider

Muito prazer, Mário. Eu sou Jaider Macuxi, sou artista.

Mário

Ah, tenho muitos amigos artistas plásticos.

Jaider

É, eu sei. Mas eu sou apenas artista, dispenso o plástico, que está destruindo o nosso meio ambiente. Não sou muito chegado nessa palavra.

Mário

Destruindo o meio ambiente? Quando foi que o ambiente foi partido ao meio?

Curadora

Gente, precisamos ir com calma. O Mário passou para "o outro lado" em 1943. No meio da Segunda Guerra. A floresta estava toda de pé e ninguém nem imaginava...

Jaider

O que quero dizer é que sou da arte — que não é escola, não é religião, não é igreja, não é partido político, é um negócio único que temos no nosso mundo e eu estou no olho desse furacão maravilhoso, o que quer que ele seja.

Mário

Bravo, Jaider! Vejo que somos muito parecidos!

Jaider

Hashtag Tamojunto!

Mário

O que é *hashtag*?

Curadora

Gente, por favor, lembrem-se: 1943.

Mário

Minha cara, uma pequena correção. Meu falecimento foi em 1945, logo após o final da Grande Guerra.

Curadora

Ah, Mário, você nem imagina quantas coisas aconteceram desde então. Aliás, agora que estou diante de você, me dou conta ainda mais de como o seu mundo era tão radicalmente diferente do nosso.

Mário

Estou muito curioso para colocar o papo em dia. Mas, querida, não há um vinho nesse evento de vocês? Uns charutos? Vocês se reúnem assim, bebendo... água?

Todos riem.

Curadora

Podemos providenciar! É que isso aqui é um evento cultural.

Mário

Sim, eu adoro eventos culturais! Passei a vida neles, mas sempre regado a um bom vinho, que é parte essencial!

Curadora

É que hoje em dia os eventos são públicos.

Mário

Públicos?

Curadora

Sim, este aqui é um evento financiado pelo governo, através de uma OSCIP.

Mário

OSCIP? Do que se trata?

Curadora

Ah, deixa isso pra lá. É público. Quase a mesma coisa!

Ariel

Solta uma missiva e os outros não comentam, assim como ocorre ao longo da peça.

Exceto pelo "desmonte do Monte", o desmonte do Estado e a perpetuação das velhas formas de privilegiar os privilegiados, sim, é a mesma coisa.

Mário

Na minha casa? Esta é a minha casa de verdade, sabiam?

Curadora

Sim, mas agora a sua casa é um museu. Uma casa-museu.

Mário

Um museu? Que maravilha! Adoro museus.

Curadora

Sim, é fantástico. As pessoas podem visitar e conhecer o lugar em que você morou, além de participar de oficinas e eventos literários como este. Para ouvir falar da sua obra. Gratuitamente.

Mário

E elas vêm?

Curadora

Um pouco. Poderiam vir mais, mas há público.

Mário

Maravilha! Uma ótima destinação para minha casa. Fico contente com isso.

Jaider

Pois é, minha gente, vou apresentar aqui o Sr. Avelino Taurepang, neto do Akuli Taurepang, que foi quem narrou os mitos que o senhor leu no livro do alemão. Acho que é importante esse encontro entre vocês. Aliás, não é à toa que isso está acontecendo. Não é mera coincidência, não mesmo.

Mário

Que grande prazer, Sr. Avelino. Seu avô era um grande contador de histórias, maravilhoso de verdade. Os mitos atiçaram a minha imaginação de tal forma... Foi como um mergulho em outro mundo. No seu mundo. Muito prazer.

Todos olham para Avelino, que demora para responder. Nessa hora, Jaider começa a filmar o evento com o seu celular.

Avelino

Tímido.

Com licença, sou Avelino, vim aqui participar desse evento a convite da Deborah, a curadora. Disseram para eu vir contar as histórias de Makunaimã, então eu vim.

Mário

Makunaimã, que pronúncia interessante.

Avelino

Porque Makunaimã é como Roraimã, grande. O que termina com "mã" é grande, Makunaimã.

Mário

O grande mal, Macunaíma, Makunaimã. Gostei.

Avelino

Isso mesmo. Piaimã. Sempre o final "mã".

Mário

Curioso. O alemão, como se referem ao Theodor Koch-Grünberg, havia registrado uma grafia indicando o acento aberto no segundo "a", por isso cometi esse deslize. Logo no título!

Todos riem.

Laerte

Também se diz "Macunáima", por causa da influência nordestina na região. Cada povo diz de um jeito. Entre os Wapichana é mais comum Macunáima mesmo.

Mário

Influência nordestina? Que curioso. Eu adoro o Norte. Fiz várias viagens pela região, para conhecer o folclore.

Laerte

Pois é, Roraima fica no Norte, mas é um pouco Nordeste também.

Curadora

Na sua época, Mário, o pessoal do Sul dizia "Norte" para tudo o que estava acima de São Paulo e Minas Gerais. Agora há uma distinção.

Mário

Sim. Mas me diga, meu caro Laerte, estou reconhecendo a sua voz. Lá do Além eu ouvia você dizendo: "se Mário tivesse ido lá, ele teria escrito outra história". Você acha mesmo?

Laerte

Tenho certeza.

Iara

E isso teria sido bom? Afinal, *Macunaíma* é nossa obra-prima!

Laerte

Bom para quem?

Ariel

Esse é o problema central. Foucault fala sobre isso. O elogio do discurso que agrada a um grupo social porque, no fundo, está a serviço dele.

Mário

Quem é Foucault? Me parece alguém perspicaz.

Todos riem.

Jaider

Um pajé dos brancos.

Ariel

Isso mesmo, um pajé. Que chamamos de filósofo.

Mário

Um filósofo brasileiro? Existe isso agora? Que bom saber!

Ariel

Não, ele é francês, mas fez coisas no Brasil. Quando esteve aqui, a primeira coisa que perguntou foi: "onde estão os negros?". Os filósofos europeus sempre se interessaram pelo Brasil, só o Brasil não se interessa muito pelo Brasil.

Mário

Não me diga que isso continua assim!

Ariel

Continua assim. Melhorou um pouco, mas o Brasil ainda não pensa, você sabe. Há uma filosofia brasileira, mas ainda é muito pouco estudada e raramente levada a sério pelos brasileiros. O consolo é que já existe a cocaína brasileira.

Curadora

Felizmente temos um filósofo negro que nasceu na favela de Santos.

Mário

Ah, isso deve ser interessantíssimo! Quem é esse?

Curadora

Apresento Marcelo Ariel, filósofo-poeta. Veio para discutir por que Macunaíma é preto no nosso evento.

Mário

Você é um filósofo, então. E poeta! Que maravilha! Eu reconheço sua voz... Foi você quem disse que era importante falar sobre o fato de eu ser preto e gay.

Ariel

Isso mesmo, principalmente no Brasil de hoje.

Mário

Ah, interessante. Me conte, por que isso importa tanto?

Ariel

Porque precisamos falar de amor e de alteridade, Mário. Na verdade, para além da ideia de você ser gay, eu prefiro a ideia de que você praticava uma forma transcendente de erotismo em sua vida, e que quando falava em amor, esse conhecimento vinha da prática de uma liberdade de ser que hoje em dia é cada vez mais rara. De qualquer modo, o amor sempre será livre. O amor não tem sexo.

Mário

Isso é belo. Eu amei as mulheres também. Isso é certo e igualmente raro, infelizmente. Os homens são uma lástima em qualquer tempo.

Ariel

Sobre ser negro, porque é imprescindível falar de nossa anterioridade, contra a lógica do embranquecimento. Eu vejo sua foto ali na parede

Aponta para a foto clássica da Semana de Arte Moderna.

e você parece um branco aristocrata! Fizeram a mesma coisa com Machado de Assis, um negro que foi violentamente embranquecido.

Mário

Ri.

Eu me esforçava para isso, mas tinha a mais plena consciência de quem eu era e de onde estava.

Ariel

Hoje, Mário, o melhor seria você ter ido de *dreadlocks*.

Mário

Sounds dreadful! Do que se trata? Uma vestimenta?

Ariel

Cabelos afro, Mário. Trançados. Volumosos.

Jaider

Mostra a foto de Bob Marley no celular.

Foi esse aqui que lançou a moda, Mário.

Mário

Oh, que curioso! Quem é esse?

Ariel

Bob Marley foi um poeta, ativista, profeta e músico rastafári da Jamaica.

Mário

E se eu fosse à Semana de Arte Moderna com *dreadlocks* no cabelo, o que isso significaria?

Ariel

Se ela acontecesse hoje, seria maravilhoso, daria um testemunho de suas origens. Você demostraria ter orgulho da sua ancestralidade.

Mário

Por isso o nosso artista transita pintado no coração da metrópole, mesmo fora da aldeia. Gosto da irreverência dele. Onde está você, Jaider?

Jaider

Se aproxima fazendo um *live streaming*.

Estou aqui, fazendo uma *live*.

Mário

Uma *live*? É essa caixinha que você carrega?

Jaider

Isso aqui, Mário de Andrade, é um celular. Pedaços de metal que emitem sinais para outras pessoas que têm os mesmos pedaços de metal para receber.

Mário

Como o telégrafo!

Jaider

Exato. Como fogueiras que emitem sinais de fumaça, telégrafo, telefone, celular. Tudo a mesma coisa.

Mário

O que é a *live*?

Jaider

Isso já é outra coisa: aqui dentro da caixinha, eu estou te filmando e postando nas redes sociais em tempo real.

Mário

Muito antropofágico! Oswald teria adorado te ver me devorando dessa forma! Você é dos nossos, esteja certo!

Prof. Russ [PhD]

Com grande entusiasmo.

Viva a Semana de Arte Moderna!

Mário

Só não entendi o que são redes sociais. Só conheço as redes de palha. E isso de "tempo real", jamais imaginei uma coisa dessas. O tempo é algo naturalmente irreal.

Jaider

Mário, isso aqui quer dizer que você está sendo filmado e milhares de brasileiros podem estar te assistindo em seus celulares neste exato momento.

Mário

Todo mundo no Brasil tem celular?

Jaider

Quase todo mundo.

Mário

Antigamente, poucos tinham acesso a telégrafo.

Jaider

Pois é, hoje há mais celulares do que pessoas no Brasil.

Mário

Então o problema da desigualdade foi superado? Isso é ótimo! Estou vendo um negro filósofo, um índio que domina as ferramentas dos homens brancos...

Laerte

Sempre combativo.

É relativo. Tem gente que tem celular e não tem onde morar; que tem celular e não sabe nem escrever uma mensagem direito, porque continua semianalfabeta; que gasta tanto com o celular que não sobra para ir ao dentista ou para levar as crianças ao médico.

Iara

E ainda há desigualdade em relação às mulheres.

Ariel

No caso das mulheres negras, pior ainda!

Mário

Ah, as mulheres... Sim, essa é uma causa que sempre me pareceu absolutamente legítima. Você é uma feminista?

Iara

Sou.

Curadora

Eu também.

Bete

Eu também.

Mário

Sim, eu me lembro bem das sufragistas, da vitória delas em 1932. O voto já é obrigatório também para vocês, eu imagino.

Iara

Sim, mas isso não basta. Agora, temos outras pautas.

Curadora

Aliás, Mário, permita-me dizer que as cenas de sexo entre Ci e Macunaíma eram um tanto violentas. Hoje em dia não seriam bem-recebidas. Constituem quase um estupro, não?

Mário

Ah, que curioso. Você acha isso, é?

Prof. Russ [PhD]

Com licença, Mário, é um imenso prazer. Sou professor doutor em literatura brasileira comparada da Universidade de São Paulo, com mestrado na Universidade de Toronto e doutorado na Sciences Po, Sorbonne.

Mário

Oh, meus pêsames.

E cai na risada.

Todos riem, menos Prof. Russ [PhD], que se mantém sério e grave.

Prof. Russ [PhD]

Não entendi...

Mário

Me desculpe, meu caro, mas você é tão grave. E eu gosto de brincar dessa forma com todas as pessoas que se apresentam com títulos muito maiores do que os próprios narizes. Me desculpe, sou apenas um velho. Quer dizer, muito pior! Sou além! Do Além. Sempre fui avesso à pompa da academia.

Prof. Russ [PhD]

Entendo, Mário, desculpe a pose toda. O senhor está absolutamente correto. Eu pretendia apenas fazer uma contribuição ao tema de gênero, que foi o foco da minha tese de pós-doutorado realizada na Universidade de Illinois no ano passado, com financiamento da FAPESP e apoio da União Acadêmica dos Professores de Literatura Comparada do Mercosul. Enfim, eu ia apenas dizer que, no contexto da época, o intercurso sexual entre Ci e o personagem Macunaíma estava dentro do padrão. Não podemos esperar que o olhar do feminismo contemporâneo pudesse ter lhe guiado tantos anos atrás...

Mário

Meu caro, tenho que discordar do senhor também nisso. Eu coloquei daquele jeito sabendo bem que é brutal e dominador, porque o sexo é assim mesmo — nos marca e faz sangrar. Se você me perguntar se eu queria uma relação assim como a de Macunaíma e Ci, paixão violenta, eu digo que não. Mas, se você me perguntar se eu já tive uma relação como a deles, eu não nego. E se perguntar se, depois daquilo, eu queria qualquer outra coisa da vida, eu digo que não.

Todos riem.

Bete

O senhor teve amor em vida?

Iara

Cantarola trecho de *Macunaíma* que ela musicou.

"Papai chegou e me disse: — Não hás de ter um amor! — Mandu sarará, Mamãe veio e me botou um colar feito de dor."

Mário

Que pergunta mais doce. Boa noite, quem é você?

Bete

Sou Bete Wapichana. Sou historiadora, Mário. Professora indígena.

Curadora

Mário, a Bete veio para dar voz às mulheres indígenas no nosso evento. Veio de Roraima, lar dos povos de Makunaimã, assim como o Avelino Taurepang e o Jaider Macuxi.

Mário

E o nosso escritor indígena? Você não vive mais em sua aldeia?

Laerte

Vivo não. Vivo em São Paulo, na periferia.

Ariel

A periferia é simbolicamente uma grande aldeia.

Mário

Mas cresceu em aldeia?

Laerte

Cresci não. Minha mãe, que era Wapichana legítima, se juntou com um nordestino que foi trabalhar nas fazendas dos colonos que ocuparam nossas terras. Eu cresci nessas fazendas, tirando leite de vaca e consertando cercas. Quando chegou a época de ir para a escola, nos mudamos para a periferia de Boa Vista.

Ariel

Periferia: terra para onde empurram o índio, o preto pobre, o viado pobre.

Mário

E então veio para São Paulo resgatar a muiraquitã das garras do Piaimã?

Laerte

Audaz.

Sim, de certa forma. Vim pra cá resgatar as histórias que roubaram do meu povo. E também para apagar as que contaram de forma torta sobre o meu povo. Esse tempo acabou. Agora estamos aqui, nós, os artistas indígenas, para contarmos nossas próprias histórias.

Jaider

Isso sempre houve. Indígenas contando nossa história para os brancos. Salve Akuli Taurepang!

Laerte

Mas agora é preciso dominar outras técnicas. A escrita. O celular. As redes sociais. A palestra. Estamos aqui no *front*.

Mário

Ah, que maravilha! Tantos artistas criativos! Aliás, será que virá o nosso vinho? Estou com uma vontade danada de fumar um charuto também.

A curadora sai para providenciar.

Laerte

Eu descobri a música quando era jovem, mas não pude desenvolver logo de cara. Já adolescente, trabalhei com gado, plantio de arroz, garimpo, um pouco de tudo. Até que um dia...

Mário

Me conte, adoro os momentos de virada.

Laerte

Eu estava garimpando e contei aos outros garimpeiros que eu era músico. Teve um cabra que riu de mim, e aquilo mexeu comigo. Por que eu não poderia ser músico? Porque sou indígena? Então, pensei comigo mesmo, daqui pra frente é pé no chão e olho nas estrelas. Eu posso ser o que eu quiser. Voltei para Boa Vista e comecei a estudar. Me tornei músico, professor, ganhei concursos e comecei a fazer um trabalho com a cultura nas aldeias. Um dia, apareceu o maior escritor indígena do Brasil lá em Boa Vista e quis me conhecer.

Mário

Foi ele que te trouxe para cá?

Laerte

Ele é o nosso líder. É um indígena com mestrado e doutorado, pós-doc...

Mário

Ah, colega do nosso professor aqui!

Laerte

Sim, mas para nós é importante. Faz com que as pessoas nos ouçam de uma forma que antes não ouviam. Não é um indígena qualquer, falando errado. É um indígena que é doutor, com mais de trinta livros publicados, traduzidos para várias línguas, que passa a vida indo a escolas para falar do seu povo, do que é ser indígena.

Mário

Que coisa mais inesperada!

Laerte

Sim, daqui a pouco não precisaremos mais de antropólogos e etnógrafos e outros antropófagos para contar nossas histórias por nós.

Ariel

Sim, e será impossível pensar um Brasil sem antropofagia?

Silêncio.

Mário

Você tem fama, Laerte?

Laerte

Tenho alguma fama, só dinheiro que ainda não. Continuo na luta para pagar o aluguel.

Mário

Entendo...

Laerte

Mas cheguei ontem da Grécia e da Suécia, onde recebi um prêmio internacional por meu livro mais recente, que esse ano foi vencedor do Jabuti. E o prêmio Peter Pan, segundo prêmio literário mais importante do mundo.

Mário

Então é por isso que você se ressente por eu ter lido os mitos do seu povo através do alemão. E ainda por cima levei adiante, na minha própria voz.

Laerte

Também.

Mário

Tem mais?

Laerte

Tem mais.

A curadora chega com vinho, copos e charutos. Uns se mobilizam para ajudá-la a oferecer a todos, alguns aceitam, outros não. Ninguém aceita os charutos.

Mário

Ah, charutos cubanos. Adoro.

Olha para o charuto.

Não conheço essa marca Fidel Castro. Alguém conhece?

Todos riem.

Curadora

É uma homenagem ao líder revolucionário de Cuba, Mário.

Mário

Ah, houve a Revolução Caraíba na América Latina?

Curadora

Algo inspirado nisso, em 1959.

Mário

Que notícia fantástica! Por isso todos têm celulares hoje?

Ele acende o charuto.

Ninguém vai me acompanhar com os charutos?

Curadora

Mário, desculpe, mas me esqueci de dizer que aqui é proibido fumar.

Mário

Mas é a minha casa!

Curadora

Eu sei, Mário, mas é proibido fumar em recintos fechados.

Mário

Por quê?

Curadora

Porque os médicos dizem que faz mal à saúde. Organização Mundial da Saúde e tudo.

Mário

Mal para quê?

Curadora

Para o pulmão. Causa doenças fatais.

Mário

Bem, no meu caso, então, não faz diferença...

Todos riem.

Fumarei já mortinho da silva e desacompanhado. Mas, Laerte, me conte por que mais eu errei.

Laerte

Olha, Mário, saiba que eu te considero um cara extraordinário, um artista maravilhoso, um grande poeta...

Mário

Oh, você abala a minha modéstia dessa forma.

Laerte

Mas quando você pega as nossas histórias e mistura com outras, é como um xingamento para nós. Quando você mistura Ceuci, do povo Tembé, que padeceu antes do século XX, com o barro do povo Carajá, com Makunáima, como se fosse tudo igual, você nos desvaloriza. Você produz estereótipos.

Mário

Mas todas essas histórias são maravilhosas!

Laerte

Só que cada povo é um povo. O meu povo vive ali há 4,5 mil anos. Tem uma história, tem cosmologia. O outro povo que mora ao lado, os Yanomami, tem dez mil anos de história. Entende?

Curadora

E quando se extrai uma pequena parte da cultura de um povo de seu contexto, seja um canto ou uma dança ou um ritual ou um personagem mítico, você folcloriza um sistema total de vida. Nós hoje desgostamos da ideia de folclore e lendas. Isso não existe. Não a ser louvado. São resquícios de culturas que já foram plenas e se perderam no processo histórico. Pesquisamos a fundo para identificá-las e conhecê-las melhor.

Mário

Sim, perfeitamente.

Laerte

É como se eu pegasse seus poemas e juntasse com os sermões do Padre Antônio Vieira e com trechos de José de Alencar, fazendo uma misturada danada. Quando tudo o que você queria era criar algo diferente do que eles fizeram, não era? Criar uma identidade própria. No nosso caso, sempre tivemos essa identidade. E ela nos foi roubada na criação do Brasil.

Mário

Mas, e a miscigenação? Você mesmo disse que sua mãe se casou com um nordestino.

Laerte

Verdade.

Mário

Quanto da cultura wapichana se transmutou nesse processo?

Laerte

Verdade, também.

Mário

Você é índio, mas não apenas. É também nordestino. Suas histórias já estavam "misturadas" quando eu as conheci. Assim como eu, que sou preto, como diz nosso amigo filósofo. Mas, olhe para mim. Eu pareço preto? Quão preto? Há como medir o quanto de preto há em mim? Não seria o meu espelhamento disso que incomoda? Não seria meu livro um espelho?

Laerte

Sim. Incomoda porque não era para ter sido assim. O fato consumado não justifica. O mais importante para você entender, Mário, é que eu não sou índio: sou

Wapichana. A palavra “índio” é uma das generalizações que o Brasil produziu para ocultar seus crimes. O que quer que seja que o Brasil fez do meu povo não me torna um índio. Sou Wapichana.

Mário

Triste Brasil...

Laerte

Sim, triste Brasil.

Mário

Nem deveria existir, não é mesmo?

Laerte

Não mesmo.

Mário

Sr. Avelino, me diga, o senhor também é escritor indígena?

Avelino

Eu não, não mesmo.

Mário

Me conte de você.

Avelino

Eu não sou escritor, nem professor, nem artista. Eu vivo na minha comunidade Bananal, cuido da roça, da igreja, da família.

Mário

Vocês foram evangelizados?

Avelino

Sim, somos adventistas do sétimo dia.

Mário

Mas o seu avô Akuli não era um grande pajé?

Avelino

Sim, ele era um grande pajé. Meu avô era o melhor pajé que existia na região. Pajé que curava pessoas. Até a fumaça que o colega fez no primeiro dia do evento,

Aponta para Jaider.

aquilo pode ter vindo através de Makunaimã. Todo povo indígena usa aquilo para medicina. Aquilo que ele fez aqui. Quando a criança se assusta, faz esfumaço com isso aí — *maruái*. Esfuma e a criança melhora. Criança está doente, com diarreia, criança melhora. Ou adulto. Finado meu avô contava isso. Que ele era pajé, por causa do trabalho que ele fazia. Não cheguei a ver, mas meu pai contava. O trabalho era um pouco complicado, o de curar pessoas. Trabalhar de noite, batendo a folha. Fumam tabaco, tomam o líquido. Então meu avô trabalhava dessa forma. O trabalho que ele fazia, pajelança, o espírito que vinha nele, tudo isso mostrava essas coisas que estamos falando — Makunaimã. Por isso ele sabia contar melhor.

Mário

Me conte como foi que vocês se tornaram adventistas.

Avelino

Meu pai deveria ter aprendido a ser pajé. Mas foi quando a mensagem chegou na Grand Savana. Mensagem boa, mensagem que aconselha. A Bíblia diz que ela corrige e orienta. No tempo do meu pai, ele fazia tudo como o pai dele. Quando aceitou o evangelho, a mensagem dizia que aquilo era bom para a vida deles. A doutrina da igreja adventista. Deixou de beber caxiri forte. Deixou o tabaco. Outras coisas mais. Ele achou que era bom para ele, para a vida dele. Isso foi 1950.

Mário

Eu ainda era vivo quando os missionários chegaram lá?

Curadora

Sim, houve uma primeira tentativa ainda mais cedo, na década de 1920, perto da Semana de Arte Moderna. O primeiro missionário que evangelizou na Grand Savana morreu dias depois de chegar à aldeia, de malária. Antes da passagem final, ele disse: "virá outro missionário e ele os trará para Jesus". E assim foi.

Avelino

Assim foi. O segundo missionário veio e meu pai aceitou a mensagem dele. A partir daí, ele seguiu essa mensagem e começou a praticar. E também a falar para os outros. Então a mensagem proibiu aquilo que era para fazer. Colocou uma barreira entre nós e essas coisas que a gente está falando aqui. Então ele começou a estudar a Bíblia. A Bíblia é manual para todos nós. A Bíblia nos orienta sobre como o ser humano pode viver no mundo. Isso ele pegou. Acreditou mais na volta de Jesus.

Mário

Então você é adventista de berço?

Avelino

Sim. Eu acredito na volta de Jesus. Trouxeram a mensagem pra nós, sobre o mundo em que estamos vivendo. Nós somos estrangeiros nesse mundo. Jesus disse que nosso lugar é lá no Céu. Aqui, nós estamos de passagem. Meu pai acreditou nisso. Eu nasci nisso, cresci ouvindo isso, acreditando nisso. Meu pai faleceu. Foi essa a mensagem que ele deixou. Que Jesus vai voltar, nos buscar e nos levar para o Céu. Ele não chegou a ver. Jesus não voltou até agora. Mas a palavra dele é que vai voltar. A qualquer momento. E está próximo.

Mário

O Reino de Deus.

Laerte

Se levanta e fala com emoção.

De todas as violências que os brancos praticaram, a maior delas foi a religião. Fui cristão por trinta anos. Jesus me libertou há sete anos, para ser artista, para poder fazer esta reflexão.

Curadora

Mas, Laerte, quando ela é adotada de dentro, como Avelino diz, será que não faz sentido dentro da lógica deles? Afinal, Makunaimã não se transmuta o tempo todo? Talvez agora ele seja Jesus ou o Demônio, mas amanhã pode voltar a ser uma pedra ou uma onça, não?

Laerte

Não, minha cara. Isso é papo de antropólogo. Uma forma que vocês encontraram para se consolar a respeito de algo que eu vi com meus próprios olhos — a religião monoteísta mata a cultura indígena. Aniquila tudo. Vocês nos estudam tanto, não sei nem bem por quê, e não conseguem lidar com a morte da nossa cultura. Isso diz algo sobre vocês. Não aceitar as derrotas. Ter essa persistência missionária assustadora. Mas eu vi a morte em casa. Com meu irmão, meus primos. O povo orando para Jesus. Não sobrou nada. Acho importante reconhecer isso.

Curadora

Mas, Mário, Avelino é um grande contador de histórias. Conhece bem as histórias do povo dele.

Avelino

A mensagem proibiu que a gente continuasse praticando essas coisas. A mensagem é que nós não podemos crer no homem. Meu pai acreditou nisso. Ele viveu no evangelho. E eu também vivo nele. Então, a minha comunidade é transformada dessa forma. Ela não pratica essas coisas, *tarém*, magia. Ainda se pratica algumas coisas. Sendo que a palavra de Deus é que é sempre proibido praticar. Mas, como a gente está aqui no mundo, na Terra ainda, a gente vive. Por exemplo, eu vou ser sincero com vocês. Aquilo que Jaider fez — a fumaça *maruái*. Isso nós ainda praticamos. Sabendo que, biblicamente, temos que confiar só em Deus. Só Deus mesmo. Mas, como ainda estamos no mundo, então a gente pratica isso para a nossa família, para nossos netos, quando estão assustados... A gente crê porque traz resultado positivo. Deus criou tudo e deixou. Então aquilo que faz bem, eu acredito que é porque Deus está permitindo.

Mário

Mas por que, então, você não escreve suas histórias como o Laerte? Antes que elas se percam de vez...

Avelino

Primeira vez que ouvi falar do livro do alemão foi através do meu primo que mora na Venezuela, nos anos 1980.

Eles encontraram uma cópia em Caracas, publicado pelo Banco Nacional, todos os volumes: tomo I, II, III e IV. Aqui no Brasil tem apenas o primeiro volume em português. Saiu faz pouco tempo. Foi quando pegaram e trouxeram para a aldeia. Descobriram que esse livro existia e que foi escrito pelo alemão. Depois passou esse tempo, a gente nem deu valor ao livro, porque para nós não tinha nada a ver. Nada a ver. Mas depois, na década de 1990, o Geraldo, que é antropólogo, se interessou quando ouviu a história. Antropólogo, né? Tem que saber de onde tudo vem. Foi então que o livro chegou até o Bananal. A gente viu esse livro, porque, para nós, eu digo assim, para nós, os indígenas, é uma coisa que não tem importância. Isso aí, fizeram porque fizeram.

Mário

Então você não vê valor em fazer um livro que registre seus mitos?

Avelino

Para nós, foi uma história que foi contada e pronto, acabou. Na verdade, os que vão buscar, vão buscar mesmo porque foi escrito. Eles sempre me procuram. Professores. Dizem: por que você não coloca isso para funcionar, para relembrar, para fazer alguma coisa, né? A gente nunca teve essa oportunidade, de relembrar ou reler ou fazer uma coisa assim. Mas estou aqui, né? Por causa do meu avô, do meu pai, através do Geraldo, e recentemente o Caio, que está terminando a antropologia dele, e esteve lá através do Geraldo, buscando a mesma coisa — de onde veio? Eles buscam isso. Gostam de ouvir. Estou aqui convidado. A Deborah me convidou. Eu não sabia o que fazer. Pra quê? Minha família perguntava: "o que você vai fazer em São Paulo?". Para eles não tem importância. Eu disse: "não sei, eu vou porque fui convidado". O meu filho diz: "a Deborah mandou mensagem dizendo que são os noventa anos de *Macunaíma*. E você foi convidado para contar história". Porque só eu que sabia. O resto da família pensa que eu estou só passeando, dando uma volta por aí.

Mário

Para nós, isso seria uma tragédia. O lado judaico da nossa equação judaico-cristã é sermos o povo do livro, do registro.

Avelino

Continua.

Para ser sincero, para mim isso tinha acabado. O alemão escreveu, meu avô contou e acabou. Só eu fico lendo e fico pensando, quando não consigo dormir. Todo mundo está dormindo e eu pego o livro que o Geraldo deixou para mim, o antropólogo, sento na varanda da minha casa e fico pensando: por quê? Por que fizeram isso? Fico pensando se o meu avô, se eu tivesse chegado a conhecer meu finado avô, será que ele teria me contado essa história? Mas como não cheguei a ver... Só meu pai que contava. Ficava pensando. Por que essas coisas são importantes? Hoje, a minha vida, eu sou criado numa vida cristã. Fico com as histórias, mas não acredito muito. Não acredito em *pandón*. Eu leio a Bíblia, a Bíblia me ensina. Acho que esse livro é só para lembrar que existiu, que meu finado avô contou. Não fico transmitindo para as pessoas. Não. Essa história fica só comigo. Na hora de um evento assim, se precisar...

Curadora

E, Mário, é preciso dizer que, apesar do sucesso de *Macunaíma* em todo o Brasil, o Avelino jamais tinha visto o seu romance. Seu livro jamais chegou à aldeia Bananal.

Avelino

Foi. A primeira vez que peguei na mão foi no avião, vindo para cá, quando o Jaider me deu uma cópia.

Mário

Mas alguém ainda lê *Macunaíma*?

Curadora

Sim, Mário. Foi feito um filme em 1969 por um cineasta famoso, que o popularizou imensamente. Até hoje, é leitura obrigatória nas escolas e tema de vestibular. Muitos dizem que é a obra-prima da literatura brasileira.

Mário

Emocionado.

Verdade? Eu não imaginava isso. Era um livro tão difícil...

Prof. Russ [PhD]

Sim, Mário, mas é tido como o livro que encapsulou a essência do brasileiro, esse mestiço, esse cabra ruim. Não era isso que o Modernismo queria? Algo genuinamente brasileiro? Dar sentido a essa sociedade que era a mistura de tantas culturas? Vocês conseguiram. Foi algo louvável.

Mário

Visivelmente emocionado.

Eu não sei mais se era isso que eu queria...

Prof. Russ [PhD]

Como assim?

Mário

Faz muito tempo, mas eu me lembro a emoção que senti ao ler os mitos do seu avô, Sr. Avelino. Aquilo era a arte mais pura. Era de uma beleza sem limites, em termos de tudo: de linguagem, de enredo e de personagem. Cada história daquelas ia me mesmerizando, e era difícil ler, como um diamante bruto, repleto de arestas. Eu sabia que havia algo ali. Foi um processo criativo muito elevado.

Avelino

Ri.

Makunaimã estava contigo.

Curadora

E estava certo. Uma parte dos acadêmicos argumenta exatamente isso — que mitologia indígena não é matéria-prima para literatura, como é entendida nos termos ocidentais. Que mitologia indígena é a própria literatura. Não perde em quesito algum, ao contrário!

Mário

Mas, confesso, havia também um anseio por fama — essa forma estranha de amor à qual nós escritores almejamos. Falo por mim, claro, e outros que não foram agraciados com amor em vida. Para alavancar o nosso movimento, com Oswald, Tarsila, todos eles. Como Laerte diz, talvez o verdadeiro escritor de *Macunaíma* seja Akuli. E não eu.

Isso gera tumulto e todos cochicham entre si.

Laerte

Levantando-se.

E os milhões de reais em direitos autorais que o livro rendeu? Não vamos falar disso? Talvez devessem ter ido para ele também.

Mário

O que são reais?

Curadora

Reais é o novo nome da nossa moeda, Mário.

Ariel

Vulgo: irreais, para nós, artistas, e para a maioria do povo; irreais, como o governo.

Laerte

Você ofereceu direitos autorais a ele?

Mário

Não. Naquele tempo era impensável um índio ser escritor profissional, nos moldes que você fala. Jamais achei que isso aconteceria, nem mesmo que haveria interesse nisso por parte de vocês.

Curadora

Sinceramente, acho que Akuli estranharia se Koch-Grünberg tivesse oferecido pagar pelas histórias que contou. Provavelmente nem teria aceitado nada em troca. Mesmo que Mário tivesse oferecido.

Laerte

Sim, cada um escreve no seu tempo, Mário. Entendo que não foi desrespeito ou sacanagem. Na sua época, preto era preto.

Mário

E hoje preto é o quê?

Todos se olham.

Ariel

Para os pretos, uma questão de vida ou vida, e em muitos casos de morte. É uma leve inflexão, mas que indica reconhecimento da história, do racismo que habitava a palavra "preto". Como quando se diz "a coisa está preta", como se o branco fosse o cenário positivo. Hoje, há alguns acordos desse tipo.

Jaider

O linguajar politicamente correto.

Mário

Sempre pensei o político como uma vertente consolidada do vulgar e do incorreto!

Curadora

São tentativas de acomodar a diversidade, Mário. É o que vemos aqui. Avelino não vê relevância nos livros. Já Laerte tomou isso como missão de vida. E há até indígenas que são contrários à transposição da tradição oral para a escrita.

Mário

Por quê?

Curadora

Porque uma história no mundo tradicional é algo vivo, que se conta e reconta em diversos contextos, a serviço de algo comunitário. Só faz sentido ali. A história é parte de uma cosmologia, de um pensamento acerca de si no mundo.

Ariel

Da busca para se saber quem se é.

Curadora

Elas podem ser contadas para manter o grupo coeso, para ajudar em momentos difíceis, para educar as crianças enquanto se lava roupas, para inspirar os guerreiros à guerra. É contada de forma diferente para crianças ou adultos ou mulheres ou homens. É isso que Avelino quer dizer quando diz que o livro "não tem nada a ver". A história — ainda mais cristalizada — não faz sentido fora do contexto comunitário tradicional. Ela é e precisa ser maleável. Ela não tem autor. Pode até ter narrador, um bom porta-voz, como Akuli. Essas histórias não seguem a lógica ocidental, com começo, meio e fim. Elas vão e vêm. Param no meio. Continuam depois. O livro, para eles, é algo totalmente exótico — uma sepultura de histórias atrofiadas que alguém está roubando por aí ao dizer que lhe pertence. O livro não é o destino natural do *pandón*.

Mário

Que ideia forte! Nesse sentido, Laerte também está deslocando histórias?

Laerte se surpreende, ao se ver desafiado pela primeira vez.

Avelino

Isso mesmo. Não vejo por que alguém se interessaria por histórias no papel. Além do mais, as histórias não acabam desse jeito que vocês contam. Elas se repetem sempre. Elas continuam. Histórias não têm fim.

Laerte

Se defende.

Histórias são histórias. Eu sou o guerreiro dos novos

tempos. Nem todos compreendem. Não é necessário que lutemos todos com as mesmas armas.

Mário

Vejo que temos dois grandes artistas aqui — Laerte e Jaider.

Laerte

De toda forma, colocar a história no livro não impede que ela continue a ser contada no contexto tradicional.

Ariel

Há controvérsias.

Laerte

Que controvérsias?

Ariel

O livro tem um lugar sagrado na sociedade ocidental. Os judeus são o povo do livro. A Bíblia é o livro mais lido no Brasil. A base da civilização ocidental se deu no dia em que os gregos escreveram as suas histórias épicas. Na Grécia Antiga, era como entre os Taurepang, até o surgimento do livro, sob a influência do monoteísmo bíblico. Quando isso acontece, aos poucos, tudo o que está fora de um livro passa a não ter valor. O livro é um Piaimã.

Curadora

Já ouvi um escritor indígena dizer que se tornou escritor para os brancos saberem que indígena é gente.

Jaider

Olívio Jekupé, conheço. Endosso o parente Guarani.

Ariel

Aqui temos, de um lado, Akuli Taurepang, o grande pajé contador de histórias. Do outro lado, o etnógrafo Theodor Koch-Grünberg, vulgo "o alemão". A grande questão é: será que algum dia teríamos ouvido falar de Makunaimã se não fosse pelo livro do alemão?

Avelino

Isso importa?

Iara

Importa muito!

Jaider

Para quem importa?

Ariel

Observem que, na sequência de livros, será que algum dia teríamos ouvido falar do alemão se não fosse o livro do paulista? O momento mais poético de tudo isso que estamos vivendo é quando o Sr. Avelino se debruça sobre a edição venezuelana dos mitos que seu avô narrou em Taurepang para o alemão e pergunta: "por que isso é importante?". Para ser cabalístico, "para que é importante?". Esse momento é existencial.

Iara

Se exalta.

Gente, nem estaríamos aqui se isso não tivesse acontecido.

Bete

Sim, é muito importante que o livro tenha sido escrito. Teríamos perdido toda a nossa história. Porque, enquanto os parentes estavam lutando para sobreviver, as histórias foram se perdendo e o livro do alemão fez o registro. Nas escolas indígenas, hoje, essa é a referência que temos para resgatar nossa história.

Jaider

Eu penso o mesmo. Hoje sou artista mais do que sou

Macuxi. Não tive escolha. Cresci ouvindo tiros dos fazendeiros nas aldeias. Fui criado indo à igreja católica, participando de movimento de base. Falando uma língua que não é a do meu povo. Tive que fazer um trabalho espiritual xamanístico para imaginar o que era ser Macuxi antes da colonização. Para poder ser um artista indígena de verdade. Não apenas um artista que, por acaso, é de origem indígena. Um mero artista brasileiro, digamos assim, interessado em povos indígenas. Como você, Mário. Como não ser você? Como ser eu mesmo? Essa é minha busca existencial.

Bete

Falou bonito, Jaider. É a nossa busca coletiva.

Jaider

Emocionado.

Ainda assim, às vezes me perco. Me sinto mais artista do que Macuxi. Ser um artista indígena de verdade, às vezes, nem me interessa prioritariamente. Como Mário disse, há tantas coisas. O anseio pela fama, a necessidade de se provar entre os pares, de avançar o movimento...

Mário

Meu caro, somos irmãos até nisso.

Se abraçam.

Curadora

Há muitos povos indígenas no Brasil. Isso vai das características de cada povo e do grau de contato com a sociedade nacional.

Mário

Isso em si já é um milagre que ainda exista. No meu

tempo, os americanos do norte já haviam exterminado quase todos os que havia em seu território.

Pedro

Se levanta.

Sim, há mais de trezentos povos reconhecidos, muitos ainda falam suas línguas, alguns ainda nem fizeram contato com os brancos.

Mário

Quem é o senhor que esteve tão quieto e agora nos ilumina com esses dados?

Pedro

Eu sou o antropólogo.

Mário

Ah, esta peça é completa! Não falta ninguém!

Jaider

Cada indígena tem que ter o seu antropólogo. O Pedro é o meu.

Curadora

Mário, o Pedro foi o antropólogo que liderou a demarcação da Terra Indígena Raposa Serra do Sol, uma das maiores do Brasil, de forma contínua, o que significou uma reparação às muitas perdas que esses indígenas viveram ao longo do século.

Mário

Muitas perdas?

Laerte, Jaider, Avelino e Bete

Se levantam e dizem juntos.

Muitas perdas.

Laerte

Nossa religião.

Jaider

Nossas terras.

Bete

Nossas línguas.

Jaider

Nossos parentes.

Laerte

Nossa cultura.

Bete

Nossas crianças.

Ariel

O Brasil é um campo de extermínio.

Mário

Perdas demais... É isso? E esse tempo todo, nós, artistas brancos de classe média, pensando em literatura para desafiar o cânone europeu, eu entendo.

Ariel

O que vem primeiro: o livro ou a vida? É uma questão existencial. É isso que Avelino tenta desvendar. É nisso que ele pensa nas noites insones no Bananal. A vida sem o livro tem valor? Ou será que o que dá valor à vida hoje é o livro?

Avelino

Você está falando da Bíblia?

Ariel

A Bíblia é o livro dos livros. Outros livros que vieram depois são lares de outras ideias.

Mário

Direitos autorais indígenas teriam salvado vidas?

Pedro

Verdade seja dita, Mário, são quinhentos anos de genocídio. Os Taurepang, os Macuxi e os Wapichana enfrentaram todo tipo de escravidão ao longo do século em que você viveu. Na extração de madeira, nos seringais, nas fazendas de gado, na roça, na economia doméstica. Trabalhavam em regime de semiescravidão enquanto os brancos iam tomando seu território tradicional. Aldeias inteiras eram expulsas de suas áreas. Muitos padeceram e outros foram reunidos em depositórios humanos vistos como uma estratégia "humanitária" do governo brasileiro para evitar a dizimação total dos indivíduos indígenas.

Ariel

Missiva.

É possível existir um indivíduo indígena? Para mim só existe o ser indígena que é filho da terra indígena, misturado à terra, dividido entre o céu, a terra e seus ancestrais.

Pedro

Eram indígenas reminiscentes de diversos povos que haviam padecido e que eram aldeados para se aculturarem. A tendência, acreditavam, era que se misturassem ao povo brasileiro.

Ariel

Você já estava morto, Mário, nessa época.

Mário

Mas as ideias em torno dessas ações me são familiares. Elas já circulavam no meu tempo. Que horror!

Laerte

Ressurge.

É o que eu disse desde o início. Se você tivesse visto com os seus próprios olhos, não escreveria algo que acatasse a miscigenação. Você a teria problematizado. Talvez tivesse erguido braços contra essa política. Lutado pela preservação dos territórios indígenas conforme seu modo de vida tradicional.

Mário

Como mero escritor? O que pode um poema?

Pedro

Foi o que muitos fizeram depois.

Mário

Escritores e poetas? Foram à guerra levando meros poemas em riste?

Curadora

Sim. Muitos. Alguns dos maiores. Depois do Modernismo, o movimento foi esse.

Mário

Vocês realmente acham que a literatura pode fazer alguma diferença?

Ariel

Em missiva.

Onde nascem as ideias?

Mário

Jamais pensei em ideias como espadas, apenas refúgios.

Laerte

Literatura também gera riqueza, que pode ser transformada em armas. Quem lê no Brasil é a elite.

Mário

Vocês acham que o meu dinheiro pessoal teria feito diferença para essa causa? Se eu tivesse aberto mão dos meus direitos autorais? Do salário modesto que recebia como professor de piano? Do meu vinho? Desta modesta casa?

Laerte

Ainda hoje, ajudaria a pagar o meu aluguel.

Ariel

São Paulo tem a maior população de rua da América Latina. Um teto é um sonho para muitos.

Silêncio paira.

Iara

Gente, peraí, isso é absurdo. O Mário contribuiu mais com ideias do que jamais teria contribuído se tivesse doado seus direitos autorais e bens pessoais. O problema do Brasil não é falta de dinheiro.

Jaider

Qual é o problema, então?

Ariel

Canta.

Pouca saúde, muita saúva, os males do Brasil são!

Mário

Aquilo era um eufemismo. Não era para ser tomado de forma literal. Literatura não é ciência!

Laerte

Depende de onde você se encontra no Brasil, em qual quadrante.

Prof. Russ [PhD]

Permitam-se a intromissão nesse assunto polêmico, mas, realmente, para muitos, essa é uma questão pertinente.

Mário

Laerte, me diga, quantos há de vocês, escritores indígenas?

Laerte

Uns vinte.

Bete

Escritoras indígenas há bem menos, umas cinco.

Mário

Jaider, quantos artistas?

Jaider

Uns dez.

Mário

Quantos indígenas há?

Pedro

896 mil indígenas.

Mário

Quantos brasileiros hoje?

Pedro

Cerca de 210 milhões.

Ariel

O Brasil é o maior campo de extermínio da América Latina.

Pedro

De fato, Mário, muitos povos aqui representados — Macuxi, Wapichana e Taurepang — foram utilizados pelo governo brasileiro como fronteira humana, para comprovar a presença "brasileira" em parte do território e garantir que a área ficasse dentro do Brasil. Na disputa, ainda assim, muitos ficaram do outro lado da fronteira, na Venezuela, na Guiana.

Jaider

Para falar de identidade brasileira, é preciso falar de fronteira. De violência. Dos que ficam de um lado e do outro dessa linha de giz traçada no chão, de forma completamente aleatória para os povos nativos.

Avelino

Isso é verdade! O marechal Rondon chegou em 1945 para fazer a fronteira. Então quem acompanhou essa divisão da fronteira foi o finado meu avô, Akuli. Meu pai tinha foto, que Geraldo tinha conhecido, com hasteamento de bandeira no monte Roraima. Mas meu pai tinha muitos amigos e parentes, que ficaram interessados por essa foto. Pediram a foto e levaram. Mas eu vi a foto. Akuli, marechal Rondon e o *tuxaua* Akurimã. Eu vi essa foto.

Ariel

Levaram as histórias, não devolveram o livro. Roubaram as imagens, não devolveram as fotos.

Mário

Eu era vivo ainda. Sei quem foi o marechal Rondon. Seu pai foi o guia do marechal Rondon?

Avelino

Era tudo com Akuli. Ele que acompanhava. Quando o marechal Rondon chegou, dizia assim: "olha, pessoal, a partir de hoje vai ser fronteira. Aqui vai ser Brasil, ali Venezuela. Quem quiser ficar aqui, fique. Quem quiser ficar lá, fique. Aqui vai ser país. Vai ser difícil para vocês". Porque antes era livre. O pessoal ficava aqui, depois ia para lá. Eu mesmo falo quatro línguas, para poder me comunicar com os parentes. Depois chegou polícia, chegou guarda. Hoje, está aí. Ninguém pode passar sem documento. Se passar lá, tem que se identificar. Antes não tinha isso. Era livre. O indígena caçava com a espingarda. Hoje a gente fica chateado. Ali em Pacaraima, a quinhentos metros da vila, da cidade, tem fiscalização. Chama-se "balança". Porque lá tem balança de pesar caminhão e tudo isso. Tem uma briga com a gente. Entre eles e a gente. Pessoal da fiscalização. Por quê? Porque lá tem o ATER, a Receita Federal, o exército, a rodoviária, a polícia, estão todos concentrados. Quando a gente vem de Pacaraima com as coisas compradas, principalmente carne, mesmo se é um quilinho de carne, eles param e pedem a nota. Sem nota você não pode passar. Dizem que vai ser tomado. Vai ser queimado. O que revolta a gente é isso. Antes não existia isso. Eu falo para eles: "eu moro aqui. Fui criado aqui. Meu pai era daqui. Eu só estou andando mais depressa porque tenho carro". De toda forma, eles querem proibir que a gente passe. A polêmica hoje, com os brasileiros, indígenas ou não indígenas, é essa. Porque antes não existia. Hoje eles estão lá, dizendo que ninguém mais pode vender farinha por litro. A gente vende por litro. Não pode. Vem a fiscalização dizendo que não pode vender. Que tem que empacotar a farinha para poder vender. Então está essa polêmica. A Polícia Federal fica o tempo todo em cima: "o que está levando? O que é que tu leva?".

Jaider

Está aí o que você buscava, Mário. Identidade brasileira. Ouça um indígena que ficou do lado de cá da linha de giz.

que traçaram em volta dele para garantir as terras e os minérios do subsolo ao Brasil branco (porque o indígena não tem acesso a isso). Ele que está ali há milhares de anos, representante do seu povo. Os parentes ficaram do outro lado da linha de giz. Avelino é um brasileiro?

Avelino

Ofendido.

Eu não sou brasileiro. Sou Taurepang.

Ariel

Há um Brasil fora do papel.

Prof. Russ [PhD]

Sempre gosto de lembrar que os russos eram apenas um dos muitos povos nativos daquele território vasto ao leste da Europa que veio a se chamar Rússia, que se apropriaram do aparato do Estado-nação, quando ele surgiu. Mesmo assim, cada "estado" da federação russa leva o nome da etnia mais presente naquele território.

Curadora

Se empolga.

É como se o Brasil se chamasse Pataxó?

Jaider

Se levanta.

E Roraima, Macuxi?

Pedro

Exclama.

E São Paulo, Guarani?

Mário fica um pouco à parte nessa hora.

Ariel

O Brasil não abarca o Brasil — é um naufrágio anunciado.

Curadora

Foi justamente a tentativa de tornar tudo isso o Brasil que gerou um monstro!

Prof. Russ [PhD]

Fala como se tivesse se dado conta disso neste instante.

Então o erro fatal do Modernismo, nesse sentido, foi avançar na busca de uma identidade brasileira, ao invés de desmascará-la de vez.

Todos congelam com essa fala e as luzes caem, exceto sobre a curadora.

Curadora

Fala para si mesma, boquiaberta.

Foi exatamente isso.

ATO 2

Os personagens estão na mesma posição do final do Ato 1, mas Mário retoma a sua centralidade, fazendo uma proposição.

Mário

Podemos ler um pouco? Fazer um pequeno sarau? Me deu vontade de ouvir a voz de Akuli, fonte de tudo. Só a literatura salva! Antigamente, com Oswald, fazíamos muito isso. Ideias regadas a vinho e narrativas. Saudade de Oswald.

Eles se reorganizam em uma roda, Iara pega seu violão, e o clima fica mais informal. Muitos se servem do vinho.

Curadora

Temos um ator entre nós, Mário, que faz a leitura de Akuli para o evento.

Jefferson

É um prazer conhecer o senhor.

Mário

Você é indígena?

Jefferson

Sou e não sou. Minha mãe é neta de portugueses e um avô de meu pai era Xukuru de Ororubá, em Pernambuco.

Mário

Mas você não foi criado na aldeia?

Jefferson

Não. Fui criado na periferia de São Paulo pela minha mãe.

Ariel

A periferia é a grande aldeia modernista.

Mário

Um mameluco de terceira geração, então. Não se vê mais como indígena?

Jefferson

Ah, depois de tudo o que eu ouvi aqui, me senti provocado. Deixei de pensar que era a raspa do tacho, apenas um brasileiro. As histórias do meu bisavô, contadas pela minha avó paterna e pela sua irmã mais velha, rebrotaram em minha memória. O povo xukuru teve a língua silenciada, mas os laços foram fortalecidos e suas terras, reconquistadas. Antes eu me resignava à ideia de ser um brasileiro com um interesse por meus ancestrais. Agora sinto meu sangue pulsando mais forte, sabe? Acho que sou mesmo é Xukuru!

Jaider

Olha o povo xukuru aí, gente!

Todos aplaudem.

Mário

Muito bem, *très* Makunaimã — uma transmutação por minuto. Vamos ouvi-lo, Jefferson Xukuru.

Nessa hora, Jaider se senta com seus papéis e lápis coloridos e se prepara para ilustrar em tempo real a mitologia, que deve ser projetada no fundo do palco.

Jefferson

Vou ler sobre a origem de Piaimã, que foi tão lembrado aqui. Por Akuli Taurepang, narrativa de 1924, conforme colhida por Koch-Grünberg:

Como os médicos feiticeiros, o fumo e outras drogas mágicas vieram ao mundo

Tauapéni, um menino, saiu com os irmãos pequenos Okilanag, Kauáiuiai, Pakálamoka e Ilóngali. Encontraram passarinhos Djiádjiá. Os irmãos não tinham comido, apesar de terem comida consigo. Queriam flechar os passarinhos, que eram muito mansos, mas não acertavam. Os pássaros cantaram: "djiá-djiá". Os meninos correram, cada vez mais, atrás dos pássaros, para atirar neles, mas nunca acertaram. Então encontraram escravos de Kalépiga de Piai'mã, o dono do fumo.

Pedro

O fumo do tabaco é a principal substância ritual dos Taurepang, pouco usada hoje, devido ao adventismo.

Jaider

Eu pinto os pássaros, Mário. Sempre, muitos pássaros. Eles nos alertam e nos guiam para o mundo espiritual com seu canto.

Muitos pássaros surgem no fundo do palco.

Jefferson

Continua.

Os escravos estavam plantando. Os meninos atiraram nos passarinhos e as flechas caíram no meio dos escravos. Eles disseram: "não furem nossos olhos". Os escravos afastaram as crianças dos passarinhos e se transformaram em gente para as crianças, pois queriam ter as crianças como seus parentes. Esses escravos tinham antes sido pássaros. Levaram consigo as crianças e elas ficaram durante três dias em sua casa.

Avelino

Naquela época os animais eram gente, como nós. Não havia diferença entre gente e animal.

Ariel

Nem entre o bem e o mal, esses irmãos siameses. Laroiê Exu!

Jefferson

Continua.

Nessa hora em que a história engata, Jefferson continua narrando e os personagens da peça assumem o papel dos personagens da história de Piai'mã. Assim, encenam livremente a cena que está sendo narrada. Apenas Mário permanece sempre no mesmo lugar, e Jaider, sentado, ilustrando as cenas.

Então Piai'mã chegou e perguntou aos escravos como as crianças tinham chegado ali. Contaram-lhe que estavam correndo atrás dos passarinhos. Então Piai'mã disse aos escravos: "os passarinhos me pertencem, são meus animais domesticados. Não acho justo que vocês fiquem com as crianças". E assim levou as crianças consigo.

Deu-lhes água até vomitarem. Então lhes disse: "vou educá-los, para não andarem por aí feito animais, e depois os levarei de volta a seus pais, para que nada lhes aconteça. Quero educá-los. A água que lhes dei até vomitar é para deixar a voz boa e bonita, para que saibam cantar bem e bonito e para falarem sempre a verdade e nunca uma mentira.

E assim fez deles médicos-feiticeiros. Disse lhes: "o vomitório que vou lhes dar não é só para vocês, nem só para hoje, mas para sempre e para todos os médicos--feiticeiros. Quando vomitarem, podem verificar o que é direito no mundo".

As crianças emagreceram muito, porque todos os dias ele lhes dava vomitórios. Elas tinham um pequeno casebre, onde vomitavam e ninguém as podia ver, pois isso é muito perigoso para as mulheres. Os vomitórios eram cascas de diversas árvores que pulverizavam e se misturavam à água, primeiro Karaíla-ieg, depois Paúna-ieg, depois Tolóima-ieg, depois Kozókozo, depois Kepeienkuma, depois Elekauá, depois Ayúg. Vomitaram dentro da queda-d'água Kaluaulí-melu, que vem da montanha Elu-te-pe. Fizeram isso para absorver os diversos sons da queda, que são: primeiro alto, depois baixo, depois novamente alto e muito mais baixo, dando a impressão de serem três cantando. Depois vomitaram dentro de uma grande canoa.

Beberam de todas aquelas cascas, bem pulverizadas e misturadas à água. Vomitaram tudo dentro da canoa e beberam sempre de novo, até não poderem mais.

Então despejaram a canoa (dentro do casebre, onde ninguém via). Fizeram outra mistura de casca, beberam e vomitaram, e beberam sempre de novo, até não poderem mais suportar. No fim, beberam Aiúg. Todas essas cascas são "como gente", as "sombras" (as almas das árvores).

As crianças caíram, tontas. Mas não estavam inconscientes. Seus corações batiam. Os olhos ainda estavam vivos. Piai'mã mandou sua mulher Kamáliua tomar conta das crianças e disse: "vou buscar fumo

da montanha de Kulelimã-te-pe!". Essa casa, onde ele guardava suas coisas, ficava muito longe da casa onde morava. Lá ele não tinha nada.

A mulher não queria tomar conta das crianças. Quando Piai'mã tinha se afastado apenas um pouco, ela correu atrás dele e disse: "as crianças estão morrendo". Ele voltou, pensando que as crianças estavam morrendo, mas não era nada. Estavam vivas. Mandou novamente que a mulher tomasse conta das crianças e foi-se outra vez para buscar fumo. Foi mais longe. Então a mulher correu atrás dele outra vez e disse: "as crianças estão morrendo!". Piai'mã voltou e encontrou as crianças com vida.

Foi mais uma vez até sua casa, trouxe fumo que amoleceu em água com Aiúg. Com essa mistura encheu uma pequena garrafa de cabaça e despejou o sumo dentro do nariz das crianças. Aí as crianças ficaram bêbadas.

Fez duas cordas compridas dos cabelos da mulher, que enfiou nas narinas dos meninos, puxando-as devagarinho pela boca, até que veio sangue (essa corda, Karáuali, serve como condutor para a sombra — a alma — do feiticeiro, para que ele entre nela durante a cura, enquanto o corpo fica na terra). Uma ponta da corda passava pela narina e pela boca dos meninos. A outra ponta corria sobre a montanha Wéi-tepe. Pilumog, lebelinha, estava sentada do outro lado da montanha e torcia as cordas na coxa. Enquanto isso, Piai'mã puxava as cordas devagar pela boca e pelas narinas dos meninos. As cordas deixavam marcas na

JAIDER ESBELL

montanha, visíveis até hoje. Então, Pilumog pegou as cordas que Piai'mã tinha puxado pelo nariz de cada menino e enrolou-as num pedaço de madeira (como as mulheres enrolam algodão).

Piai'mã subiu para o cume da casa. Antes, disse aos meninos: "não olhem para mim! Se me olharem, seus olhos arrebentarão!". Quando ele subiu, dois meninos olharam. Os olhos estouraram e eles foram transformados em Wibán (duas montanhas).

Só ficaram três meninos. A estes ele deu caldo de tabaco para beber, pelo nariz. Amoleceu tabaco em água, despejou o caldo numa cabaça alongada e depois dentro do nariz dos meninos.

O casebre, onde os meninos vomitaram dentro da canoa, chamava-se Djalá-tepe, e a casa em que dançaram depois de vomitar, Menakaúarai.

Então Piai'mã curou os meninos, que tinham ficado muito magros. Engordou-os novamente. Ficou muitos anos com eles e fez deles médicos-feiticeiros.

Os irmãos já estavam velhos. Alguns já tinham careca. Então Piai'mã lhes disse: "agora podem voltar para a casa de seus pais! Haverá hoje um grande caxiri e um baile!". Deu-lhes tabaco Kamiínpelu, Kángi, Kumi, Walkínepig, Kisáli-epig, Waíla-epig. Deu-lhes também Azaú, para fazer enlouquecer uma mulher, e a droga Ulidján, para provocar louco amor numa mulher. Deu-lhes todas as drogas.

Os irmãos foram embora e chegaram à casa dos pais ao pôr do sol. Justamente quando chegaram, vinha gente dançando para fora da casa. Os irmãos disseram:

JAIDER ESBELL

aí vem um fantasma ao teu encontro, aí vem um urubu ao teu encontro!". Com isso entraram na casa. Ficaram parados na entrada e disseram: "Piai'mã nos ensinou!" A mãe não os reconheceu. Então, um dos irmãos disse: ah, Okilanag sou eu!". E outro irmão disse: "Ilóngali sou eu!". O terceiro dos irmãos disse: "Tauapeeni sou eu!" Quando tinham dito os seus nomes, a mãe os reconheceu.

Então dançaram até de manhã cedo. Suas vozes eram bonitas, o que era devido a Piai'mã. Dançaram com a cunhada, que era uma jovem muito linda. Ela pensou durante a noite que os irmãos eram moços e bonitos. Mas quando de dia viu que eram velhos e feios ficou envergonhada. Os irmãos a queriam para mulher, mas ela não quis e foi embora zangada. Foi até o porto buscar água. Quando estava voltando, os irmãos lhe barraram o caminho, e o irmão mais velho exigiu sua botija de cabaça. A menina não quis entregar a botija. Então o irmão mais velho pegou a botija e beliscou a menina no ombro esquerdo, com os dedos que antes tinha untado com uma droga mágica. A menina soltou a botija, correu para casa e pendurou-se com ambas as mãos no travessão da porta. Está pendurada assim até hoje. Da montanha de Kalaualé-tepe pode-se vê-la.

Depois os irmãos voltaram para junto de Piai'mã e distribuíram as casas entre si. Um foi para a montanha Manákáuarai; os outros dois ficaram na montanha Djalán-tepe. Então transformaram o pai, a mãe e todos os parentes em Maiico, espíritos da montanha (gente que só pode ser vista pelos médicos-feiticeiros). Antes que os irmãos fossem embora, plantaram todas as plantas que Piai'mã lhes havia dado em um novo roçado, que deixaram para os homens.

Quando hoje um médico-feiticeiro abre uma roça e volta dez dias depois de queimada, ela está toda cheia de plantas de tabaco sem que ele as tenha plantado. Foram os Mauarí que fizeram a plantação. Desse fumo há três espécies, com folhas pequenas, folhas de tamanho médio e folhas tão grandes como as da bananeira. O tabaco é muito forte.

Quando a história termina, os personagens voltam a si imediatamente e assumem seus papéis na peça.

Mário

Akuli... que maravilha!

Bate palmas, emocionado.

Curadora

Sempre me questiono o quanto Koch-Grünberg "aparou" as narrativas de Akuli. Certamente era muito fidedigno, como se vê nas minuciosas notas de rodapés que deixou, mas penso que a narrativa devia ser mais dispersa e menos conclusiva. Não o vejo encenando essa história toda de uma vez. Pararia, continuaria depois...

Avelino

Verdade isso. Pararia para acender o fumo. Para acender a fogueira. Uma criança se machucaria. É esse o tempo da aldeia.

Ariel

O pensamento indígena nos ajuda a transcender as falsas dicotomias da civilização ocidental.

Mário

É possível. É de uma potência criativa inigualável.

Ariel

Há religiões orientais que dizem que não há arte desde que o ser humano mergulhou no abismo civilizacional. Que a verdadeira arte move montanhas, literalmente. O resto são esboços.

Mário

Eu sinto exatamente isso quando leio Akuli.

Curadora

Temos um trecho sobre o Piaimã do filho de Akuli, pai de Avelino, chamado Akuli-mumu, da década de 1990. Foi o antropólogo Geraldo que gravou em fitas cassetes. Vou colocar para ouvirmos.

Aperta o gravador.

Mário

Sim, por favor.

Jaider, nessa hora, acende um *maruái* e incensa o ambiente. Para auxiliar na compreensão do áudio, caso o original seja utilizado, seria bom que o texto fosse projetado.

Akuli-mumu

Via áudio.

A morte de Piaimã

Piaimã gosta de carregar as meninas brincando, sumir com os meninos brincando, os curuminzinhos brincando. Mãe e pai não estão fazendo nada, parentes não sabem de nada. Chegou em casa e perguntou: "cadê?". Não sei. Foram procurar onde eles estavam brincando: "cadê?". Os pais sempre dizem: "não vão para lá", mas a criança teima e vai lá, e eles pegam. Piaimã. Eles comem, deixam pedaço, de manhã, até

JAIDER ESBELL
14

acabar a carne deles. Depois, vai caçar. Às vezes, pega a criança e leva. Aí, o pai, já vendo, diz: "olha que esse bicho está carregando meu filho". Daí, ele foi atrás, pegou o machado e foi lá. O pai. Foi de brincar, lá. Onde eles ficam brincando. O velho foi e pegou o cipó e foi. Daí... Mas ele ficou escondido. Piaimã pegou e meteu a perna neles. Lá, vai levando. Piaimã. Entrou na Serra, daí acharam o passarinho lá no buraco. E ele falou para o homem: "vou pegar esse passarinho para mim. Eu gosto desse passarinho". Ele pegou comida dele. Achou a casa da comida dele. Eu achei a comida dele que se chama kurá, fruta. Ajuntou e foi dando comida para o passarinho. Tirou arumã para trançar, para passarinho dele. Daí o Piaimã veio falando: "embora ligeiro, vamos embora". "Peraí...". Trancou o passarinho. Chegaram lá onde eles trancaram. Foi chegando. Agora você vai pendurar aqui nesse buraco, dê as pernas. Peraí, ainda falta passarinho eu dar a comida dele. Então, ligeiro, não vai demorar muito. Daí, pronto. Tá pronto? Agora, o que o senhor está fazendo, me mostra para eu saber o que o senhor está fazendo. Ele falou assim. Canta para mim e discursa para mim o que o senhor está cantando. Era canto ritual. Daí ele Tunarunda, escutou lá. Daí o pai pegou o machado e cortou a perna. Caiu. Daí ele falou: "oh, meu marido caçador. Ele achou caça, agora vamos comer". Daí ela viu que era o marido dela e chorou. Ela viu que ele caiu. Ele jogou o Piaimã na casa dele. É. De alimento. Esse homem que matou e jogou lá. Daí ela ficou triste. Não deixo você ficar porque você caçou o meu marido

JAIDER
ESBELL

Daí ele avisou logo, para ir embora. Ficou escuro. Homem não acerta o caminho. Então borboleta, aquele grande, ajudou hoje. É aqui que nós vimos o espírito do Piaimã, que matou. Por aqui. Foi. Daí penso em trançar, para enganar ele. Então Piaimã começou a cantar. Deixou, começou a trançar, chegou gritando, onde deixou trancado. Então foi, corri, corri, corri, corri. Começou a gritar também. Daí deixou o outro. Parou lá. Lá. Daí ele trança outro arumã. E vem com as tranças. Não sabe que ele trançou. Aí ele foi, saiu no campo, daí chegou e entrou logo. É como eu falei, de manhã. Bom dia, eu sou Tunarunda.

— Mas o Piaimã queria pegar ele de novo?

É. Outro Piaimã. Tem filho, tem dois. Tem irmão. Irmão homem. Ah, como pareceu. Daí ele chama o companheiro para ir atrás. Piaimã tem irmão, pai, família. É. Tudo são Piaimã. Eles não moram juntos, não. Eles têm casa. Eles moram cada um num lugar. Cada um tem uma maloca. São parentes. Eles ficam brabos mesmo. Não é só um Piaimã. Tem um bocado de Piaimã. Piaimã tem muito.

Ariel

Tem muito Piaimã.

Mário

Notável como essa versão já é despida do conteúdo sagrado, não? Piaimã não é mais Piai'mã. É mais próximo do vilão tosco e terrível que eu trouxe para a rapsódia.

Ariel

Parecia que você via o futuro. O escritor é sempre um profeta não reconhecido.

Curadora

Viram como acaba de repente? Aqui temos um registro da tradição oral capturada em fita cassete. Com trilha sonora de aldeia: o som das galinhas ciscando, das crianças brincando, dos cachorros latindo. Diferente de ler Koch-Grünberg, que anotava tudo a mão e depois reunia tudo em um livro — livre de interferências.

Ariel

O reino silencioso do livro.

Pedro

Na época de Akuli não havia influência da religião cristã, por isso o Piai'mã não apenas não é mal, como ele é o pai dos pajés. Diretamente conectado ao sagrado.

Ariel

Antes do bem absoluto de Jesus, havia o bem-mal. Piai'mã é dessa época.

Curadora

Sr. Avelino, como é que o *pandón* de Piaimã é contado hoje?

Avelino

Pois então. A história que se conta hoje na aldeia é essa: Piaimã, comedor de gente. Nesse filme que passou de Macunaíma, eu já sabia que não era Makunaimã que ia morrer. Era o Piaimã que ia. Mas a história não está bem certinha. Que o Piaimã não jogava as pessoas no tanque. Ele jogava do outro lado da Serra e a velha Piaimã batia com o pau. Então Piaimã é um monstro — grande monstro, "mã". A gente é criança, vai brincar no cipó que tem na mata. Dizia: "cuidado, não brinque de balanço, o Piaimã vem pegar". Piaimã encontrava criança brincando. Tinha uma orelha bem grande. Pegava a criança e levava de cabeça para baixo. Um dia, levou as crianças para a casa dele. Makunaimã viu e foi atrás. Amanheceu às cinco horas e falou para a velha: "eu vou caçar". Eles acordaram para tomar banho, dormir. Antes de eu chegar, apontou, pode sacrificar esse aqui. Quando eu chegar eu vou cozinhar. Naquele momento Piaimã estava falando. Era como eles matavam. Usando uma espécie de bastão. Aí o Piaimã falou, explicou Makunaimã ouviu. Piaimã voltou para o rio, tomou banho. Ele se apressou. Makunaimã viu onde tinha deixado o bastão. Pegou e se escondeu. Foi atrás. A mulher estava esperando. Daí o que Makunaimã fez foi empurrar o Piaimã pro outro lado da Serra e a velha Piaimã bateu nele com o cacete. Não viu que era o marido. Achou que era caça. Daí pronto. Cortaram tudo, cozinharam e deixaram lá, onde ele tinha dito que era para deixar o almoço. Quando ele não chegou, ela viu e estranhou. Nossa, o que é isso? Poção grande. Carne grande. Quando foi ver, era o marido que tinham cozinhado. Quando ela viu que era marido, ela chorou. Achou que era caça, mas era o marido. Daí a mulher de Piaimã se revoltou. Começou a procurar as crianças por todo lado. Daí eles correram. Levaram coisas, correram. Perseguiu perseguiu, correu, não alcançou. Daí eles pararam Piaimã estava morrendo.

Ariel

Piaimã agora não passa de uma anedota.

Jaider

Um meme!

Mário

O que é um meme?

Curadora

Olha, nem eu sei ao certo. É uma espécie de piada que fazem nas redes sociais. Algo bem degradado, meramente visual, em geral, feito a partir de um fato extraído do seu contexto original.

Mário

Que heresia!

Pedro

Só que tem a hora que o Piaimã mata Makunáima também. Vamos ouvir?

Jefferson

Lê Akuli Taurepang, narrativa de 1924, conforme colhida por Koch-Grünberg.

Morte e ressurreição de Makunaimã

Makunaimã foi um dia com seu irmão Ma'nape para a árvore Zalaúra-yeg. Essa árvore tinha todas as frutas. Era muito alta. Fizeram em cima da árvore um pequeno abrigo para atirar dali sobre os animais que comiam as frutas: macacos, mutum, jacu, toda sorte de animais. Ma'nape subiu. Makunaimã ficou debaixo da árvore para apanhar os animais nos quais Ma'nape atirava com sua sarabatana.

Ma'nape disse ao irmão: "quando um dos animais cantar, não respondas!". Então Ma'nape subiu. Abateu muitas aves. Makunaimã estava ocupado em apanhar os animais. Então Piaimã cantou de longe: "ogoró, ogoro, ogoro". Aí Ma'nape chamou: "agora sobe! Quando respondes a um animal, tens que subir". Makunaimã subiu para o abrigo e ficou lá.

Jaider

Lembrando que os passarinhos são os animais domésticos de Piai'mã.

Jefferson

Continua.

Então Piai'mã disse: "quem me respondeu aqui?". Ma'nape disse: "não sei quem foi". Piai'mã disse: "não! Aqui está alguém que me respondeu! Mostre-me onde ele está!". Ma'nape: "talvez tenha sido este aqui!", e jogou uma guariba para baixo. Piai'mã disse: "não, não foi esse". Mas o dedo pequeno de Makunaimã era visível entre as folhagens, atrás da qual Makunaimã tinha se escondido. Piai'mã viu o dedo e atirou nele com a sarabatana. A flecha envenenada entrou por debaixo da unha. Makunaimã deixou ouvir abafados lamentos, logo que foi atingido. Então Piai'mã disse a Ma'nape: "jogue para baixo esse que acertei agora mesmo". Ma'nape jogou para baixo macacos, jacus, todos os animais que ele havia matado, mas Piai'mã dizia sempre: "não foi esse". Makunaimã já estava morto. Quando Ma'nape tinha jogado todos os animais para baixo, não havia mais nada. Ele não queria jogar o irmão para baixo. Queria enganar Piai'mã. Mas Piai'mã sabia. Piai'mã disse: "se não o jogares para baixo, atiro em ti!". Então Ma'nape jogou o irmão Makunaimã para baixo, pois ele tinha medo de Piai'mã. Então Piai'mã disse: "é esse, de quem eu

17
JAIDER ESBELL

estava falando". Ficou alegre. Jogou Makunaimã nas costas e foi embora com ele.

Ma'nape desceu da árvore e seguiu as pegadas. Seguiu também as manchas de sangue. Então encontrou-se com a pequena vespa Kambejike. Ela perguntou-lhe: "que fazes aqui, cunhado?". Ele respondeu: "estou atrás do meu irmão que foi morto pelo Piai'mã, que o carrega consigo. Vamos ver se o alcançamos!". Kambejike juntou o sangue de Makunaimã e foi com Ma'nape.

Chegaram a um grande rio. Aí Ma'nape disse: "como vamos atravessar aqui?". Encontraram uma pequena lagartixa Seléseleg. Ela perguntou a Ma'nape: "que fazes aqui, cunhado?". Ele respondeu: "estou atrás do meu irmão, que foi morto pelo Piai'mã". Seléseleg disse: "sou a canoa dele! Bem! Fecha os olhos!". Ma'nape fechou os olhos. Ali estava uma grande ponte, de uma margem do rio a outra. Então eles passaram por essa ponte para a outra margem. Lá Seléseleg transformou-se novamente e disse: "por cima da entrada da casa há uma droga do Piai'mã para matar gente. Quando entrares na casa, olha logo para cima. Toma a droga e esfrega-a na direção de onde estão Piai'mã e sua mulher. Matarás todos dois".

Ma'nape entrou na casa e viu logo a droga. Tomou-a e esfregou na direção em que estavam Piai'mã e sua mulher. Matou ambos.

Makunaimã já se achava cortado em pedaços e dentro da panela sobre o fogo. Ma'nape tirou-o do fogo e deitou-o num cesto vazio. Cozeu todos os pedaços com folhas do Kumi, planta mágica para transformações, de-

dos, braços, pernas, tudo. Então derramou o sangue que Kambejike tinha juntado sobre ele. Então Ma'nape soprou com Kumi, cobriu o cesto e saiu da casa. Pouco tempo depois, Makunaimã levantou-se, todo suado. Perguntou a Ma'nape o que haviam feito a ele. Ma'nape respondeu: "eu não te disse que não respondesses a nenhum animal?".

Prof. Russ [PhD]

Agora, é imperdível lermos o trecho de *Macunaíma* sobre o Piaimã, Mário, se me permite essa honra...

Iara

Ah, professor Russ, seria ainda mais imperdível ouvirmos o próprio Mário lendo, não acha? Até porque ele mesmo agora tem essa experiência da ressureição!

Prof. Russ [PhD]

Certamente, certamente! Por favor, Mário.

Mário

Claro, minha cara.

Mário

Lê *Macunaíma*, de Mário de Andrade.
Aqui, pode-se editar trechos do filme, para auxiliar na visualização do texto longo.

Venceslau Pietro Pietra morava num tejupar maravilhoso rodeado de mato, no fim da rua Maranhão olhando pra noruega do Pacaembu. Macunaíma falou pra Maanape que ia dar uma chegadinha até lá por amor de conhecer Venceslau Pietro Pietra. Maanape fez um discurso mostrando as inconveniências de ir lá, porque a regatão andava com o calcanhar pra frente e si Deus o assinalou alguma lhe achou. Decerto gente!... Macunaíma não quis saber.

— Pois vou assim mesmo. Onde me conhecem, honras me dão; onde não me conhecem, me darão ou não!

Então Maanape acompanhou o mano. Por detrás do tejupar do regatão vivia a árvore Dzalaúra-Iegue que dá todas as frutas, cajus cajás cajàmangas mangas abacaxis abacates jaboticabas graviolas sapotis pupunhas pitangas guajiru cheirando sovaco de preta, todas essas frutas e é mui alta. Os dois manos estavam com fome. Fizeram um zaiacúti com folhagem cortada pelas saúvas, esconderijo no galho mais baixo da árvore pra flecharem a caça devorando as frutas. Maanape falou pra Macunaíma:

— Olha, si algum pássaro cantar não secunda não, mano, sinão adeus minhas encomendas!

O herói mexeu a cabeça que sim. Maanape atirava a sarabatana e Macunaíma recolhia por detrás do zaiacúti a caça caindo. Caça caía com estrondo e Macunaíma aparava os macucos macacos micos mutuns jacus jaós tucanos, todas essas caças. Porém o estrondo tirou Venceslau Pietro Pietra do farniente e ele veio saber o que era aquilo. E Venceslau Pietro Pietra era o gigante Piaimã comedor de gente. Chegou na porta da casa e cantou feito pássaro:

— Ogoró! ogoró! ogoró! parecendo muito longe. Macunaíma secundou logo: — Ogoró! ogoró! ogoró! Maanape sabia do perigo e murmurou: — Esconde, mano! O herói escondeu por detrás do zaiacúti entre a caça morta e as formigas. Então gigante veio. — Quem que secundou? Maanape respondeu:

— Sei não.

17
JAIDER ESBELL

— Quem que secundou?

— Sei não. Treze vezes. Daí o gigante falou: — Foi gente. Me mostra quem era. Maanape jogou um macuco morto. Piaimã engoliu o macuco e falou:

— Foi gente. Me mostra quem era. Maanape jogou um macaco morto. Piaimã engoliu-o e continuou: — Foi gente. Me mostra quem era.

Então enxergou o dedo mindinho do herói escondido e atirou uma baníni na direção. Se ouviu um grito gemido comprido, juuuque! e Macunaíma agachou com a flecha enterrada no coração. O gigante falou pra Maanape:

— Atira a gente que eu cacei! Maanape atirou guaribas jaós mutuns mutum-de-vargem mutum-de-fava mutuporanga urus urumutum, todas essas caças, porém Piaimã engolia e tornava a pedir a gente que ele flechara. Maanape não queria dar o herói e jogava as caças. Levaram muito tempo assim e Macunaíma já tinha morrido. A final Piaimã deu um berro medonho:

— Maanape, meu neto, deixa de conversa! Atira a gente que eu cacei que sinão te mato, velho safadinho!

Maanape não queria jogar o mano mesmo, pegou desesperado em seis caças duma vez um macuco um macaco um jacu uma jacutinga uma picota e uma pia-coça e atirou no chão gritando:

— Toma seis! Piaimã ficou danado. Agarrou quatro paus do mato, uma acapurana um angelim um apió e um carará, e veio com eles pra cima de Maanape:

— Sai do caminho, por queira! Jacaré não tem pescoço, formiga não tem caroço! Comigo é só quatro paus na ponta da unha, jogador de caça falsa!

Então Maanape ficou com muito medo e jogou, truque! o herói no chão. Foi assim que Maanape com Piaimã inventaram o jogo sublime do truco.

Piaimã sossegou. — Este mesmo. Agarrou o defunto por uma perna e foi puxando. Entrou na casa.

Maanape desceu da árvore desesperado. Quando ia pra seguir atrás do defunto mano topou com a formiguinha sarara chamada Cambgique. A sarara perguntou: — O que você faz por aqui, parceiro!

— Vou atrás do gigante que matou meu mano.

— Vou também.

Então Cambgique sugou todo sangue do herói, esparramado no chão e nos ramos e, sugando sempre as gotas do caminho, foi mostrando o rasto pra Maanape.

Entraram na casa, atravessaram o hol e a sala de jantar, passaram pela copa, saíram no terraço do lado e pararam na frente do porão. Maanape acendeu uma tocha de jutaí e puderam descer a escadinha negra. Bem na porta da adega rastejava a última gota de sangue. A porta estava fechada. Maanape coçou o nariz e perguntou pra Cambgique:

— E agora? Então veio por debaixo da porta o carrapato Zlezlegue e perguntou pra Maanape: — Agora o quê, parceiro?

— Vou atrás do gigante que matou meu mano. Zlezlegue falou:

— Está bom. Então fecha o olho, parceiro. Maanape fechou.

— Abre o olho, parceiro. Maanape abriu e o carrapato Zlezlegue tinha virado numa chave yale. Maanape

JAIDER ESBELL

ergueu a chave do chão e abriu a porta. Zlezlegue virou carrapato outra vez e ensinou:

— Com as garrafas bem de cima você convence Piaimã. E desapareceu. Maanape tirou dez garrafas, abriu, e veio vindo um aroma perfeito. Era o cauim famoso chamado quiânti. Então Maanape entrou na outra sala da adega. O gigante estava aí com a companheira, uma caapora velha sempre cachimbando que se chamava Ceiuci e era muito gulosa. Maanape deu as garrafas pra Venceslau Pietro Pietra, um naco de fumo do Acará pra caapora e o casal esqueceu que havia mundo.

O herói picado em vinte vezes trinta torresminhos bubuiava na polenta fervendo. Maanape catou os pedacinhos e os ossos e estendeu tudo. no cimento pra refrescar. Quando esfriaram, a sarara Cambgique derramou por cima o sangue sugado. Então Maanape embrulhou todos os pedacinhos sangrando em folhas de bananeira, jogou o embrulho num sapiquá e tocou pra pensão.

Lá chegando, botou o cesto de pé assoprou fumo nele e Macunaíma veio saindo meio pamonha ainda, muito desmerecido, do meio das folhas. Maanape deu guaraná pro mano e ele ficou taludo outra vez. Espantou os mosquitos e perguntou: — O que foi que sucedeu pra mim?

— Mas, meus cuidados, não falei pra você não secundar cantiga de passarinho! Falei sim, pois então!

Todos batem palmas para as maravilhosas sobreposições.

Jaider

Grita.

Plágio!

Todos riem.

Iara

Posso complementar com a minha música?

Mário

Claro, um sarau jamais é completo sem música! *Let music be the food of love*, como dizia Shakespeare.

Iara

Pega o violão e toca.

Macunaíma — Canção Título

No fundo do mato-virgem nasceu Macunaíma
Era preto retinto e filho do medo da noite
Houve um momento em que o silêncio foi tão grande
Escutando o murmurejo do Uraricoera,
Que a índia tapanhumas pariu uma criança feia
Macunaíma já na meninice fez coisas de sarapantar
De primeiro passou mais de seis anos não falando e si o incitavam a falar exclamava:
- Ai! Que preguiça!...
E não dizia mais nada. Ficava no canto da maloca, trepado no jirau de paxiúba, espiando o trabalho dos outros e principalmente os dois manos que tinha,
Maanapê, Já velhinho
E Jiguê, Na força de homem
O divertimento dele era decepar cabeça de saúva.
Pouca saúde, muita saúva, os males do Brasil são
Vivia deitado, mas si punha os olhos em dinheiro,
Macunaíma dandava pra ganhar vintém, Acuti pita canhém
No mucambo si alguma cunhatã se aproximava dele pra fazer festinha,

Macunaíma punha a mão nas graças dela, cunhatã se afastava

Nos machos cuspia na cara

Porém respeitava os velhos e frequentava com aplicação a murua a poracê o toré o bacorocô a cucuicogue, todas essas danças religiosas da tribo.

Mário

Sério.

Você me plagiou também! Copiosamente.

Iara

De olhos arregalados, apavorada.

Oh.

Jaider

É a cobra que come a outra cobra pelo rabo que come a outra cobra pelo rabo e assim por diante. Eita povo antropófago!

Mário

Dá risada.

Querida, estou apenas brincando. Foi lindo! Você é uma discípula perfeita, Iara!

Todos batem palmas.

Iara

Sorri e agradece.

Obrigada.

Mário

Neste presente momento, sinto que não andei tão morto assim!

Iara

A ressurreição tem várias formas! Aliás, Sr. Avelino, o que o senhor acha que fez o Mário ressuscitar para nós?

Avelino

Não sei.

Jaider

Diz-se, Sr. Avelino, é coisa do demo, não é não?

Avelino

Ri, fazendo que sim com a cabeça.

Mas é tudo uma peça, não é? A gente também faz isso no Bananal, no final do ano. A gente encena os mortos. Eu tô entendendo como é que é.

Mário

Sr. Avelino, vocês gostariam de ouvir a Iara tocar no Bananal?

Avelino

Sério.

É. Eu acho bonito, mas... No Bananal não ia dar.

Pedro

Um pouco festivo, não é, Avelino?

Avelino

Sim, um pouco diferente.

Mário

E, Sr. Avelino, como o senhor vê a ressurreição de Makunaimã, comparada à de Jesus Cristo?

Avelino

Porque é o mito do Makunaimã. A vida de Jesus foi aqui nesta terra. O diabo, também, ele faz parecido com esse. Existe esse conflito contra o bem e o mal nesta terra. Deus e o diabo. O diabo coloca as suas armadilhas, suas histórias, também Jesus veio e deixou a história para a humanidade. Então eu acho assim: que o diabo, ele tem também força para fazer isso.

Tem. Tem como fazer. Tem como imitar. E o que acontece. Eu, cristão, eu acredito na ressurreição de Jesus Ele morreu por nós tudo. Deu a vida por nós. E, vendo essa história, também, eu vou dizer assim, o Satanás o diabo, quer ser também o dono da vida. Então ele coloca Makunáima, essas coisas.

Bete

Não, eu não vejo Makunáima como diabo. Vejo como uma entidade maior, algo superior. Algo positivo. Até porque sou católica, mas não sou praticante e nem fanática. O estudo da História atrapalhou, me torna bem neutra. Eu acredito nessas histórias que a gente cresce ouvindo e vive no dia a dia. Vivencia no cotidiano, com indígena e ser humano. Makunáima é um ser espiritual. Deus indígena.

Mário

Menina, conte pra gente um pouco mais das histórias das mulheres das aldeias. Falamos tanto. Nós, sempre nós falando.

Bete

Estou acostumada.

Mário

Ri.

Certamente!

Bete

Pois é, ia até comentar. Que o Jaider contou ali sobre a mulher menstruada que foi se banhar e nunca voltou, foi bem real. Estava contando de antigamente, mas é algo bem recente, que ainda acontece. Todos nós, que vivemos em aldeia, temos esse sentido, que a cobra é a mãe daquele lugar — das lagoas. Se eu ando menstruada ali, ela se sente incomodada. A pimenta incomoda os olhos dela. Se algo a incomoda, ela fica zangada, muito zangada. Algo parecido aconteceu no ano passado. Porque a gente socializa com os parentes pelos grupos de WhatsApp. Esse WhatsApp já existia há muito tempo para nós. A gente se conectava com os espíritos, sem celular. Daí os parentes compartilharam que tinha desaparecido um professor que era uma referência no esporte indígena. Eles estavam pescando no rio, de repente, ele sumiu. Ficaram procurando, procurando, mas foi Uratã que pegou ele. Todo mundo passou num trecho de rio, mas na vez dele a maré encheu de repente. Ela se transmuta em tempestades e furacões. Inclusive, quando estivemos no Bananal, teve um temporal que quase levou Josefa. Mas daí, no caso, o corpo de bombeiros fez busca, nunca acharam. Uratã comeu. Inclusive, quando mata, o rio seca. Em meio a isso tudo, não se achava um porquê. Uma resposta certa. Ali todos passavam igual. Por que só ele? Um ataque desse tipo, de serpente, não é confundido com outros ataques. Incha as pálpebras. Teve todo um sentido. A mulher dele tinha perdido um bebê. Ela tinha tido um aborto havia quatro dias. E o corpo dele não estava saudável para estar ali. Deixou Uratã muito irritada. São coisas bem reais. Cheio de feitiço e magia. Mas é esse o mundo que traz essa explicação. Tem todo um sentido. Não dá para negociar com esse tipo de agente, mas dá para reconhecer, claramente.

Curadora

Conta pra gente o mito dela?

Jaider assume de novo os papéis e lápis e ilustra mito que Bete conta.

Bete

A Mãe d'Água é filha de Makunáima. Se você sonhar com uma menina linda te beijando, pode ter certeza que é ela. Porque antes de ela virar Mãe d'Água ali, ela era uma índia bem guerreira. Ela era filha de um pajé, e ela era filha única e tinha os irmãos que tinham ciúme do pai dela, da relação com o pai dela. O pai era um pajé poderoso. Um dia ele foi pescar e pegou várias piabinhas e um peixe maior. Quando foi servir, serviu o peixe maior para ela. Os irmãos ficaram enciumados e tentaram matá-la com timbó. Timbó é uma árvore que é veneno. É uma espécie de veneno. Bateram a raiz do timbó para colocar na boca dela. Como ela era muito inteligente, esperta, mais do que os irmãos, ficou ali com um olho fechado e um aberto, porque sabia que tinha algo. Daí, quando eles vieram, ela se voltou contra eles e acabou matando. Então o pai dela, como era pajé, usava folha do maruái, que é para chamar o espírito. Ele deu uma surra nela com essa folha. Daí o dono do maruái, que tudo tem dono, ficou muito chateado e quis dar um castigo nele. Não é permitido usar o maruái para coisas ruins, para bater. Era só para curar. Como ele usou para algo ruim, recebeu um castigo. Daí transformou a filha que ele muito amava em uma cobra. Como tinha um igarapé perto, ela foi para lá e se alojou. Daí, como ela era uma índia bonita, quan-

do sonha com uma menina beijando, você pode ficar quietinho em casa, porque a cobra pode estar por perto. As mulheres quando estão menstruadas não podem ir perto da água, porque cai pimenta nos olhos da cobra e ela fica muito brava e causa todo tipo de desastre, até enchente e afogamento.

Avelino

Então, questão de *rató*. Como é em português?

Pedro

Serpente, bicho d'água.

Prof. Russ [PhD]

Às vezes, capei e boiúna...

Avelino

Então eu faço uma colocação. Porque não só a mulher menstruada, ou de resguardo, mas também quando a pessoa sonha. Pessoa sonha mal. Nós temos que tomar muito cuidado com isso. Como eu estava contando meu sonho essa noite. Que as paulistanas não estavam querendo me deixar ir embora daqui. Então, falei para elas: "eu virei Makunaimã essa noite".

Todos riem.

Quando eu sonho assim, as meninas me pegando, me beijando, daqui a quatro dias eu posso adoecer. Desinteria, febre, algo assim. Estava contando para ela. O sonho, quando a gente sonha assim, vendo algo ruim. Por exemplo, vou colocar assim, por exemplo, se eu sonhar vendo um cachorro me morder. O que significa isso? A cobra. *Rató*. Daí preciso me cuidar. Daí eu não vou para a roça. Sonhei feio. Se eu for para a mata ou a roça, a cobra pode me morder. Nós, indígenas, a gente guarda muito isso. Coisa de *ratô*, a cobra, sonha vendo coisa, alguma coisa queimando, pegando fogo, aí pode ficar em casa. Mesmo hoje em dia.

Bete

Sim. Também, se você é mãe ou pai de uma criança pequena, não pode chegar perto do rio.

Prof. Russ [PhD]

Posso ler o trecho de *Macunaíma* em que Mário traz uma figura semelhante?

Iara

Faz que vai dizer algo, mas antes que diga, todos dizem.

Todos

Deixa ele agora!

Prof. Russ [PhD]

Obrigado, meus caros. Agradeço a palavra.

Aqui pode haver projeções da cena do filme em que Macunaíma é flechado na árvore.

Caminhando, caminhando, uma feita em que a arraiada principiava enxotando a escureza da noite, escutaram longe um lamento de moça. Foram ver. Andaram légua e meia e encontraram uma cascata chorando sem parada. Macunaíma perguntou pra cascata: — Que é isso?

— Chouriço!

— Conta o que é. E a cascata contou o que tinha sucedido pra ela. — Não vê que chamo Naipi e sou filha do tuxaua Mexô-Mexoitiqui, nome que na minha fala quer dizer Engatinha-Engatinha. Eu era uma boniteza de cunhatã e todos os tuxauas vizinhos desejavam dor-

18 Jaider ESBELL

mir na minha rede e provar meu corpo mais molengo que embirossu. Porém, quando vinha algum, eu dava dentadas e pontapés por amor de experimentar a força dele. E todos não aguentavam e partiam sorumbáticos.

Minha tribo era escrava da boiúna. Capei que morava num covão em companhia das saúvas. Sempre no tempo em que os ipês de beira-rio se amarelavam de flores, a boiúna vinha na taba escolher a cunhã virgem que ia dormir com ela na socava cheia de esqueletos.

Quando meu corpo chorou sangue pedindo força de homem pra servir, a suinara cantou manhãzinha nas jarinas de meu tejupá, veio Capei e me escolheu. Os ipês de beira-rio relampeavam de amarelo e todas as flores caíram nos ombros soluçando do moço Titçatê guerreiro de meu pai. A tristura talqualmente correição de sacassaia viera na taba e devorara até o silêncio.

Quando o pajé velho tirou a noite do buraco outra vez, Titçatê ajuntou as florezinhas perto dele e veio com elas pra rede da minha última noite livre. Então mordi Titçatê.

O sangue espirrou na munheca mordida, porém o moço não fez caso, não, gemeu de raiva amando, me encheu a boca de flores que não pude mais morder. Titçatê pulou na rede e Naipi serviu Titçatê.

Depois que brincamos feito doidos entre sangue escorrendo e as florezinhas de ipê, meu vencedor me carregou no ombro me jogou na ipeigara abicada num esconderijo de aturiás e flechou pro largo rio Zangado fugindo da boiúna.

18
JAIDER ESBELL

No outro dia, quando o pajé velho guardou a noite no buraco outra vez, Capei foi me buscar e encontrou a rede sangrando vazia. Deu um urro e deitou correndo em busca nossa. Vinha vindo, vinha vindo, a gente escutava o urro dela perto, mais perto pertinho, e afinal as águas do rio Zangado empinaram com o corpo da boiúna ali.

Quis acabar com o mundo de raiva tamanha, não sei me virou Titçatê não podia mais remar desfalecido, sangrando sempre com a mordida na munheca. Por isso que não pudemos fugir. Capei me prendeu, me revirou, fez a sorte do ovo em mim, deu certo e a boiúna viu que eu já servira Titçatê. Nessa pedra e atirou Titçatê na praia do rio, transformando numa planta. É aquela uma que está lá, lá embaixo, lá! É aquele mururê tão lindo que se enxerga, bracejando n´água para mim. As flores roxas dele são os pingos de sangue da mordida, que meu frio de cascata regelou.

Titçatê parou. O choro pingava nos joelhos de Macunaíma e ele disse — Sisi... sai boiúna aparecesse eu... eu matava ela!

Mário

Relembrando, fala para si mesmo.

Copiei, sim, meu querido defensor. O que me espanta e acho sublime de bondade é os maldizentes se esquecerem de tudo quanto sabem, restringindo a minha cópia a Koch-Grünberg, quando copiei todos. E até o senhor, na cena da Boiúna. Confesso que copiei, copiei às vezes textualmente. Quer saber mesmo? Não só copiei os etnógrafos e os textos ameríndios, mas ainda, na Carta pras Icamiabas, pus frases inteiras de Rui

Barbosa, de Mário Barreto, dos cronistas portugueses coloniais, e devastei a tão preciosa quão solene língua dos colaboradores da *Revista de Língua Portuguesa*.

Jaider

E se é pra falar de mulher, eu não sou mulher, mas também me considero feminista, porque o feminismo tem a ver com a libertação dos homens também, diante do machismo. Não podemos esquecer da Mãe dos filhos de Makunaimã.

Mário

Adoro essa sua fala, Jaider!

Jaider

Ele conta ilustrando, as imagens sendo projetadas.

Então eu vou contar a história do jacaré, para finalizar, que já estou ficando com fome!

Sabe por que o jacaré ficou com aquelas marcas no corpo dele? Isso daí foi um dia que estavam esses dois irmãos, Airguè e Aistran. Estavam na casa de uma idosa, daí que ele fala da mãe deles — a mulher de Makunaimã. Astikiram. Aniquê. A velha mandou catar piolho dela. Filho, cata meus piolhos. Esses dois começaram a catar e comer. O indígena, quando ele cata piolho, ele morde, até hoje. Tem esse costume. A mãe do Aniquê e Atikiram. Essa idosa era sapo, sapa. De repente, se envenenou com o piolho da sapa. Daí morreu. Daí os irmãos saíram para caçar, brincar. Tinha passarinho no lavrado que sobe e desce, alcança o céu e volta. Eles queriam flechar, mas não deixava. Eles correram atrás. O passarinho estava cantando, daí não sabia o que ele estava dizendo. No idioma, ele diz: "Sangon, richa má". Dizia que a mãe deles estava morta, mordendo piolho. De repente, Atikiram parou. Espera aí. Passarinho está falando algo para nós. Pararam para ouvir. Está dizendo que nossa mãe morreu. Voltaram correndo. Quando chegaram, a mãe estava morta. Daí os dois entraram na vagina da mãe deles e se tornaram ovo. Daí o filho da idosa chegou e mandou cortar. Daí cortou, tirou o bucho e achou dois ovos dentro. A idosa guardou os ovos para comer depois. Se faltar alimento. Daí comeram a carne. Ficou ali o ovo. Daí, toda vez que a sapa saía para a roça, o filho ia caçar, daí ela deixava algo em casa, na cozinha. Quando chegava, tinha sumido. Sumiu banana, beiju. Toda vez. Aí a idosa pensou assim: "quem será que está vindo aqui em casa para sumir assim?". Aí ela um dia resolveu falar: "será que são vocês que estão fazendo isso? Se transformem em pessoa, para me ajudar, para fazer roça pra mim?". Daí ela foi embora. Quando voltou, encontrou dois indivíduos na casa dela. Daí falou: "meus filhos, eu quero a roça pra mim". Eles disseram: "tá bom, vamos fazer roça pra você". Cortaram a roça, daí chegou tempo de queimar: "vovó, está no tempo de queimar". Daí combinaram. Daí a roça secou: "bora, meus filhos, queimar a roça". "Bora!", foram os dois. Daí eles deram um pedaço de pau com um fogo que não acendia, só fazia fumaça. Daí mandaram ela tocar fogo lá no meio da roça. "Nós ficamos aqui esperando a senhora." Ela foi e ficou tentando fazer o fogo pegar. Só fumaça, fumaça. Enquanto ela estava lá no meio, eles arrodearam com fogo, "chhhh". Ela começou a gritar: "ah, vocês vão

morrer também". Mandou a maldição para eles. Daí ficaram com medo, esperando ver o que ia acontecer. Daí eles correram para a beira do rio. Ficaram esperando. De repente, a sapa explodiu. Pá! Daí, antes de ela explodir, ela disse: "vocês vão morrer". "Eita, ela disse que vai matar nós também." Correram até a beira do rio. Daí encontraram o jacaré e entraram na barriga do jacaré, todos os dois, e ficaram lá. O jacaré entrou na água. Daí a sapa explodiu. Daí veio todo tipo de matéria, tudo amolada, apontado, para matar eles. Mas eles já estavam na barriga do jacaré. Daí cortou o jacaré todinho. Até hoje, o jacaré fica assim. Depois que aconteceu, eles saíram da barriga do jacaré e se tornaram pessoas do mundo. E continuaram a história deles.

Mário

Que história fantástica! Teria incluído no livro com certeza, na rapsódia.

Laerte

Provocador, mas em tom brincalhão.

Tu disse o quê, Mário? Que vai incluir o mito do Jaider no teu livro? Depois do nosso papo? Olha que tu vai morrer de novo assim, só que agora sem o benefício de ter vivido em outra época!

Mário

Ao que parece...

Mário, a essa altura, parece estar mais conectado ao passado, se distanciando do presente. Se levanta e começa a observar as paredes da casa. Acaricia uma parede, como se sentisse falta de algo do passado. Os outros continuam eufóricos no sarau.

Iara

Posso cantar outra canção?

Bete

Claro!

Iara

Pega o violão e canta.

Naipi

Não vê que chamo Naipi e sou filha do tuxáua Mexê-Mexoitiqui

Minha tribo era escrava da boiúna Capei e todos os tuxáuas desejavam dormir na minha rede e provar meu corpo mais mole que embiroçu. Meu corpo. Meu corpo mais mole. O meu corpo.

Quando meu corpo chorou sangue pedindo força de homem pra servir, a suinara cantou manhãzinha nas jarinas de meu tejupá, veio Capei e me escolheu.

Os ipês de beira-rio relampeavam e todas as flores caíram nos ombros do moço Titçatê. Titçatê ajudou as florezinhas e veio com elas pra rede na minha última noite livre. Então, mordi Titçatê.

O sangue espirrou na munheca mordida, porém o moço não fez caso, não, gemeu de raiva amando, me encheu a boca de flores que não pude mais morder.

Naipi serviu Titçatê. Naipi serviu Titçatê.

Mário desaparece da cena no meio da canção, mas ninguém repara.

Prof. Russ [PhD]

Bravo! É isso! Koch-Grünberg, Mário de Andrade, agora Iara... a história continua.

Laerte

Fala para Jaider.

É, cara, acho que eles não entenderam nada mesmo...

Jaider

Coloca a mão no ombro do parente.

São artistas, estetas — o que nós corremos o risco de nos tornar. A beleza das histórias os hipnotiza também.

Laerte

Depois de ouvirem o canto da Iara, não há o que os faça pensar de outra forma.

Avelino

Cutuca a curadora em conversa paralela.

Deborah, já está tarde. Estou ficando com sono.

Curadora

Sim, pessoal, já está ficando tarde. A gente não jantou. Alguns de nós já estão ficando com sono. Mas, bem, com Mário aqui...

Ela olha na direção de Mário e ele não está. Então, dá um grito.

Curadora

Gente!

Todos param o que estavam fazendo e olham.

Curadora

Onde está o Mário?

Todos se olham e ele não está mais lá. Ela corre até a janela.

Curadora

Ele se foi?

Todos lamentam.

Jaider

Não se preocupem, meu povo. Eu fiz as *lives*. Ele estará conosco para sempre.

Ariel

Ele jamais deixou de estar.

Curadora

Desolada.

Nem nos despedimos!

Ariel

Ele é parte de nós. Não há despedida ou separação possível.

Iara

Mário está sempre presente.

Curadora

Como assim?

Ariel

Jamais estaríamos aqui se não fosse por ele.

Pedro

Makunaimã provavelmente teria sido esquecido por completo.

Ariel

Talvez até mesmo pelos Taurepang.

Curadora

Mas nem nos despedimos! Será que o ofendemos?

Laerte

Ele é grande demais para se ofender.

Prof. Russ [PhD] coloca a mão no ombro da curadora.

Prof. Russ [PhD]

Querida, talvez esteja na hora de deixarmos ele descansar...

Avelino

Esse homem era o pajé de vocês?

Curadora

Acho que sim. O pai dos pajés — nosso Piai'mã.

Luzes se apagam.

APÊNDICE

Taurepang

É na savana venezuelana onde se encontra a maioria dos Taurepang. Os que habitam o lado brasileiro da fronteira com a Venezuela e a Guiana estão em aldeias nas terras indígenas São Marcos e Raposa Serra do Sol — estima-se uma população de oitocentas pessoas —, nas quais também habitam outras etnias. Desde as primeiras décadas do século XX, foram acossados pela expansão da pecuária no lavrado de Roraima. A presença não indígena em suas terras se intensificou com a construção da rodovia BR-174, na década de 1970, cortando a Terra Indígena São Marcos. Em 2001, uma linha de transmissão de energia foi ainda implantada ao longo dessa rodovia. Em contrapartida, conseguiram a saída dos fazendeiros, mas vivem o impasse de ter a sede de um município no interior da terra indígena.

Macuxi

Habitantes de uma região de fronteira, os Macuxi — atualmente cerca de 34 mil pessoas — vêm enfrentando situações adversas desde pelo menos o século XVIII, em razão da ocupação não indígena na região, marcada primeiramente por aldeamentos e migrações forçadas, depois pelo avanço de frentes extrativistas e pecuaristas e, mais recentemente, pela incidência de garimpeiros e a proliferação de grileiros em suas terras. Protagonizaram nas últimas décadas, juntamente com outros povos da região, uma luta incessante pela homologação da Terra Indígena Raposa

Serra do Sol, ocorrida em 2005, e posteriormente pela desintrusão dos ocupantes não indígenas, finalmente resolvida com o julgamento pelo Supremo Tribunal Federal em 2009, que confirmou a homologação e a retirada dos ocupantes não indígenas.

Wapichana

Além do vale do rio Uraricoera, os Wapichana ocupam tradicionalmente o vale do rio Tacutu, ao lado dos Macuxi, que também habitam a região de serras mais a leste de Roraima. Atualmente, os Wapichana têm uma população total de cerca de treze mil indivíduos, habitando o interflúvio dos rios Branco e Rupununi, na fronteira entre o Brasil e a Guiana, e constituem a maior população de falantes de Aruak no norte-amazônico. No que é hoje o território wapichana, distribuído entre o vale do rio Branco (no Brasil) e o vale do Rupununi (na Guiana), distinguiam-se, até os anos 1930 e 1940, os seguintes grupos: Vapidiana-Verdadeiro, Karapivi, Paravilhana, Tipikeari, Atoradi (também grafado Aturaiú ou Atorai), Amariba, Mapidian (Mapidiana, Maopityan) e Taruma.

JAIDER ESBELL

Agradecimentos

Ao Ministério da Cultura e a seus funcionários que até o último dia de 2018 lutaram para que os vencedores do edital Centenário da Semana de Arte Moderna de 1922 recebessem os recursos que viabilizaram a publicação deste livro.

À Poiesis, nas figuras de Marcelo Tápia, Donny Correia e Thiago Saravia, e das equipes da Casa das Rosas, Casa Mário de Andrade, Casa Guilherme de Almeida e Oficina Oswald de Andrade, que encomendaram e viabilizaram o evento que inspirou esta peça.

À Família Maku, como passou a ser chamado o grupo de convidados e participantes "apaixonados" pelo evento, seus amigos e familiares, sem os quais nada disso teria acontecido. Inicialmente, estiveram Deborah Goldemberg, Cristino Wapichana, Paulo Santilli e Zacarias de Souza Loiola na formação do núcleo de concepção e da rede do evento, tornando possível definir quem seriam os convidados e acessá-los (o que em si foi um grande desafio). Num segundo momento, Avelino Loiola, Roseane Cadete, Jaider Esbell, Iara Rennó, Jefferson Gonçalves e Tadeu Breda entraram no barco para fazer acontecer, com grande disposição e empenho.

Finalmente, chegaram João Paulo Ribeiro, Nadia Farage, Paulo Victor Lisboa, Maria Silvia Cintra Martins, Marcelo Ariel, André Bueno, Caio Monticelli, Anna Heloísa Segatta, Rodrigo João Tomasi, Hugo Lima e Pauline Kietzmann Goldemberg.

Todas essas pessoas participaram do evento com grande entusiasmo e alegria, compondo uma rede de amor à arte e aos povos indígenas do Brasil que levou ao êxito do evento e, eventualmente, à produção do livro.

Obra premiada no EDITAL DE SELEÇÃO PÚBLICA nº 04, DLLLB/SEC/MINC, de 17 de setembro de 2018, Prêmio de Incentivo à Publicação Literária, 100 Anos da Semana de Arte Moderna de 1922, realizado pelo DLLLB.

Primeira edição, junho de 2019
Segunda reimpressão, abril de 2023
São Paulo, Brasil

Dados Internacionais de Catalogação na Publicação (CIP)
Angélica Ilacqua CRB-8/7057

Makunaimã: o mito através do tempo / Taurepang...
[et al.] — São Paulo: Elefante, 2019.
128 p.

ISBN 978-85-93115-34-9

1. Teatro brasileiro I. Taurepang
19-1151 CDD B869.2

Índices para catálogo sistemático:
1. Teatro brasileiro

elefante
editoraelefante.com.br
contato@editoraelefante.com.br
fb/editoraelefante
@editoraelefante

Aline Tieme [vendas]
Katlen Rodrigues [mídia]
Leandro Melito [redes]
Samanta Marinho [financeiro]

Fontes
Galano e Silva
Papel
Pólen Bold 90g/m²
Impressão
BMF Gráfica